JN038483

令和版

新社会人が \本当に 知りたい

ビジネス マナー 大全

監修 増田美子 / 古川健介（けんすう） / 新田龍 / 福一由紀

KADOKAWA

はじめに

　新社会人となれば、まずは社会人としての常識やマナー、慣習などを身につける必要があります。本来、入社後に会社や上司から「研修」や「指導」を受けるものですが、新型コロナウイルス感染症流行の影響もあり、「テレワーク」の名のもとにそれらの機会を奪われた新社会人も少なくありません。そんな自身で学ばなければならない環境でこそ役立つのが、本書のような実用書です。

　しかし、既存のビジネスマナーの本の多くは昨今の働き方の多様化に対応しているとはいえなくなっています。テレワークに対応すべく、オンラインでの会議が増え、ビジネスシーンにまつわるデジタルツールの進化と普及度も加速。それに伴って新しいマナーも増えています。

転職はもちろん、起業、副業と選択肢が増えたことで、個人が自身の意思でキャリアアップの方法を選べる時代となりました。すなわち、所属する会社に依存することなく、個人で研鑽を重ね自己成長を果たし、未来を自分で切り拓く姿勢とそのための知識が必要です。

　本書は、旧来の変わらない基本のビジネスマナーを押さえつつ、時代とともにアップデートされた新しいマナーや制度にも対応。また、現在のビジネスシーンでは欠かせないデジタルツールの使い方や、自身のキャリアを考える上で強く意識するべきお金にまつわる知識まで、それぞれのプロフェッショナルの協力を得て、まさにこの令和に必要な内容を一冊にまとめました。

　今後さらに多様化するであろうビジネスシーンにおいて、本書が皆さんの未来を切り拓くための一助となれば幸いです。

ここが令和!!
ビジネスマナー大全の
特徴 **7** 選

1

オンライン会議のマナー・チャットツールのルールが丸わかり!

▶ Chapter 6

主流になりつつある Web 会議でのマナーはもちろん、
チャットアプリを使う上でのビジネスマナーも掲載しています。

2

最新のICTツール活用法がわかる!

▶ Chapter 6

社会人になって初めて扱う ICT ツールも多く存在します。
それらを使いこなして効率のよい仕事の進め方も学べます。

3

テレワークの環境づくりにも役立つ!

▶ Chapter 6

職種によって認められることのあるテレワーク。
自宅で効率よく業務できるような環境づくりも学べます。

4

ハラスメントについても網羅！

▶ **Chapter 7**

コンプライアンスも整いつつある時代になってきましたが、
まだまだ世代間ギャップも存在します。適切な対処法を紹介します。

5

転職・退職のときも安心！

▶ **Chapter 7**

いざ転職・退職をすると決断したとき、自分も会社も気持ちよく、
業務にも差し障りが出ないよう、必要なことを押さえておきましょう。

6

お金についての知識も完璧に！

▶ **Chapter 8**

将来設計を立てる上で、お金に関することに無頓着ではいられません。
手遅れになる前に、お金の知識や扱い方をしっかり学んでおきましょう。

7

令和以前から変わらない
ビジネスマナーも押さえられる！

▶ **Chapter 0 〜 5**

令和になっても不変的なビジネスマナーは存在します。社会人として働く上での
常識でもあるので、知らないことがないようにしておきましょう。

章末には意外と知らないビジネス用語事典も掲載！ ▶

CONTENTS

Chapter 2 コミュニケーションのとり方

Chapter 3 会議のマナー

訪問のマナー

電話・メール・ビジネス文書のマナー

Chapter 6 デジタル・ICT ツールの基本

Chapter 7 制度、手続きのしくみ

Chapter 8 お金の基本

COLUMN

※本書で紹介している制度、情報、サービス等は、書籍刊行時点（2023年5月）のものであり、変更となる場合があります。

心がまえ

社会人デビューをしたら学ぶことがたくさん
ありますが、まずは基本的な事柄に対処でき
るように、心がまえをしておく必要がありま
す。また、会社と社会のしくみの基本なども
押さえ、学生と社会人の違いを知りましょう。

心がまえ

社会人としての心がまえ

社会とは歩み寄って感謝し合う場所

　ビジネスを損得勘定だけで動く、実力主義の世界と考える人は多いのですが、それだけの世界ではありません。人間社会の原動力は、感情と感情のぶつかり合いなのです。してもらったから、してあげる。社会人は「ありがとう」の積み重ねでできているのです。

★ ありがとうの気持ちから始まる人間関係

多くの人が、それぞれの都合で生きて、それが重なり合って社会は成り立っています。当然お互いに衝突することもあります。全員が自分の都合だけ考えて、損得勘定だけで行動していては、ぶつかり合ったまま右にも左にも動けない窮屈で生きにくい世界になってしまいます。

そうならないように、少しだけ譲り合ってゆとりをつくって、円滑な人間関係を築けるようにします。一歩譲ってもらえたら、お礼の気持ちが生まれるでしょう。人と人との関わりは、ありがとうの気持ちを積み上げてつくられています。人間の社会は、そういう「感謝の気持ち」がつながり合って、うまく動いているものなのです。

★ 気持ちは行動で表した部分だけ見える

あなたの気持ちは、あなたの行動にだけ表れます。相手への感謝の気持ちは、行動や言葉ではっきり伝えなければ気づいてはもらえません。照れくささや遠慮の裏返しで、相手に「察してよ」や「気づいてほしかった」と言う人も少なくないですが、確実に相手に伝えるには、言葉で示すのが一番です。

「すみません」は謝罪の言葉であって感謝の言葉ではありません。いつでも、すっと「ありがとう」が言えるようにしておきましょう。

★ あなたが見ているものは、ほかの人からも見られている

自分のしてほしいことを主張するだけでなく、ほかの人がどうしてほしいかを考えるようになっていくと、いろいろなものが見えてきます。何か困っているのではないか、自分にできることはないか、そう気づき助けてあげると、相手もまた助けを返そうと、あなたがどうしてほしいかを考えていくようになります。どう見られているか、どう見られたいかは、いつも考えて行動しましょう。

★ 感謝はするものであって求めるものではない

よく「感謝もしないでなんなの」などと、相手の振る舞いに憤る人がいます。「してあげたこと」に気づかず、好意が空回りしたことを不当だと感じることが原因ですが、そもそも「感謝」とは報酬ではないため、行動の対価として求めるのが間違いです。求められていなくても、ありがたいと感じる感謝の気持は自然な感情から生まれるものです。求められて言葉を口にしても、果たしてそれは本当の感謝なのでしょうか？

仕事とは、会社とは

自分にしかできないこと、ひとりではできないこと

ひとりではできないことが、できるようになるのが「会社」という組織です。人間の持つ時間は平等で有限ですが、2人以上集まれば使える力は増え、効率よく仕事ができるようになります。自分の得意な仕事は何か、どんな独自の経験を積めるかを考え、仕事を通して自分自身を成長させましょう。

★ シンプルな作業の積み重ねで仕事はできている

どんなに大きなプロジェクトでも、細かく分ければ、本当に小さな仕事が集まって出来上がっていることがわかります。無駄な仕事や意味のない役割などありません。

- **仕事とは**

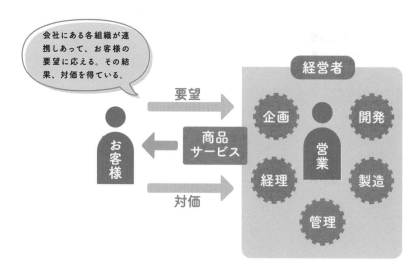

会社にある各組織が連携しあって、お客様の要望に応える。その結果、対価を得ている。

★ 仕事を効率よく進めるシステムが「会社」

なんでもひとりでできる才能にあふれるスーパーマンのような人は、世の中にいます。しかし、そういう人にも欠点はあります。ひとりしかいないことです。1日は24時間しかなく、これはどんなに優秀な人間でも変わりません。人間は、ひとりでは到底間に合わないことを、集団をつくることでやり遂げるしくみをつくりました。それが会社です。
会社では大勢の人間が役割や業務を分担して専門化することで、効率よくたくさんの業務を短時間でこなします。その一員となることで、あなたもひとりではできない大きな仕事を成し遂げることができます。

★ 会社のために、自分のために

「会社の歯車になる」という言い方があります。会社に利用されるばかりで、消耗していくサラリーマンの悲哀をうたった言葉ですが、果たして利用されているだけなのでしょうか？　会社に所属すると、その会社の力を自分の力の一部として利用できるという一面もあります。名刺ひとつとっても、個人のものと、企業の一員のものとでは、社会的な信用度がまったく違ってきます。会社のために働きつつも、自分のために大きな仕事にチャレンジするチャンスを逃さないようにしましょう。

★ できることを増やして、唯一無二の人材へ成長

「代わりはいくらでもいる」という言葉はドラマではよく使うセリフですが、実際の会社ではそうもいきません。後輩を育ててみれば分かりますが、まったくの新人も、上司や先輩社員から仕事を習ってできることを少しずつ増やしていきます。仕事に取り組むなかで、あなただけのコツを見つけながら、誰にも真似のできない存在に成長していくのです。

03 心がまえ

会社の組織図を理解する

全体像を把握して、自分の立ち位置を知る

　会社が一本の大きな樹木だとした場合、あなたは一枚の葉っぱや果実など、その一部なのです。自分がどのあたりにいるかを知るには、まず木全体がどのような形をしているかを知らなければなりません。会社の組織図を思い浮かべて、自分はどのあたりに属して、どのぐらいの地位にあるのかよく知っておきましょう。

★ 組織は小さい単位の積み重ねでできている

大きな組織も、中を見れば小さな部署の集合でできています。本社と支社、各部門、各部署、グループ、チームなど、仕事の内容や、業務、ミッションごとに小分けになっています。これらの部門、部署が有機的に集まって機能して、会社は運営されています。組織の有り様は、時代とともに変わっています。近年では、ミッションごとに人の組み合わせが変わったり、社員同士をフラットにしたりする会社もあります。

● 組織図の用語集

執行部	運営に関わる重要な決定を下す部門。代表取締役や重役で構成。
取締役会	株主に選ばれた取締役で構成される組織。会社の重要事項を決定。
本社	中枢となる管理部門のある拠点。創業された都市にあることが多い。
支社	営業上の必要に応じて地方に設置された拠点。相応の権限を有する。
事業所	会社業務を行う拠点。業務ごとに分けていることもある。
事業部	場所ではなく、企業内部の業務や商品に合わせて構成した組織。
部門	業務内容で社内を大きく分割する際に使う単位。

★ 会社にあるさまざまな部署

大きな会社になるにしたがって、部署ごとに専門性が出てきます。会社の主な商売は営業部が担当しますし、商品を生産するのであれば製造部があります。またさらに大きな会社になれば経理部や人事部、総務部など、会社の運営そのものを司る部署が必要になります。会社組織はさまざまな部署が集まって、出来上がっています。

● 主な部署名とその役割

営業部	顧客と直接商談を行う部署。商品やサービスの売り込みを行う。
経理部	金銭の出納を管理する部署。給与や経費の支払いを行う。
製造部	商品の生産を担当する部署。工場の統括などをする場合もある。
総務部	社内の事務全般を執り行う部署。会社によって守備範囲は異なる。
法務部	契約や特許の取得など法律に関する業務を行う。訴訟にも対応。
広報部	会社や商品の PR を行う。宣伝部と分けている会社もある。

★ 肩書の上下関係を正しく把握する

会社での肩書は、つまり「階級」です。業務命令や指示は、肩書の上位のものが、下位のものに出します。会社内の上下関係は、業務を確実に行う際や責任の所在を明確にするにはどうしても必要なものです。また取引先の誰に決定権があるかを知るのにも、相手の肩書はとても大事な情報です。その組織で、その人物がどういう立場であるかを知るために、誰がどのぐらい偉いのか判断できるようにしましょう。

● 肩書の種類と上下関係

代表取締役	取締役会から選任された、株式会社の代表者で法的に必須。
CEO	最高経営責任者。経営上の最大の権限を持つ。法的に必須ではない。
社長	会社業務を統括する責任者。法律上は必須ではない。
専務	企業全体の統括をする役職。常務より上位のことが多い。
常務	日頃の業務や社員の管理・監督を主とする役職。
部長	各部門の長。同時に取締役になると会社経営に参加することも。
次長	部長を補佐する役職。部長不在時は、各部門の統括を行う。
課長	各課の円滑な運営を担う管理職。経営陣と従業員の間を取り持つ。
係長	課の中でさらに分けられた係のリーダー。現場をまとめる。
主任	業務に習熟した社員から選ばれる。後任の育成などを行う。

04

働き方の違い

それぞれに違う立場と、雇用形態

　かつては正社員としてずっと同じ企業で働くのが一般的な時代もありましたが、今では正社員以外のいろいろな雇用形態が増え、同じ職場でもそれぞれ異なる立場の人が混在するようになりました。働き方が多様化し、必ずしも正社員のほうが優れているということはありません。同僚として、それぞれの立場の人を尊重して接しましょう。

★ 雇用形態や立場によって労働の形式は違う

同じ職場で似たような仕事をしていても、立場が同じとは限りません。雇用形態によって、働き方や持っている権限、責任の範囲は異なります。

正社員

企業が直接雇う正規雇用の社員。雇用期間は決まっていない。会社の決めた就業時間にそって勤務する。福利厚生など手厚い待遇がある。

契約社員・嘱託社員

正社員とは違い、契約期間（最長で3年）が決まっている社員のこと。嘱託は職務内容を限定して雇用している社員を指すことが多い。

派遣社員・業務委託

派遣社員は外部の派遣会社が雇用して、契約した会社に勤務させている社員で、業務内容は正社員と同様。業務委託は、決まった内容の業務のみを請け負う外部業者的な存在になる。

アルバイト・パート

アルバイトとパートに法的な違いはなく、どちらも短時間の勤務をする労働者。時給で報酬を得る給与形態で、福利厚生は正社員に比べて手薄いことが多い。

★ 役員と社員の違いは?

社員は会社に雇用されます。社員は労働者であり、労働基準法によって守られる立場であり、雇用契約によって給与が支払われます。

一方、取締役部長など以上の役員になると、立場が変わります。役員は会社に選任され、役員報酬をもらって、使用者として会社を経営する側になります。役員になると、もう労働者ではないので労働組合からは脱退します。

★ 会社員以外の職業形態（公務員・自営業）

一般の会社員より、公務員のほうがさらに強く法律で守られていますが、同時に服務規程は厳しくなります。守秘義務や職務専念義務、副業の禁止など、細かく行動が制限されます。不祥事を起こした場合も一般の会社員より厳しく罰せられます。そのような強い制約もあるということは知っておくといいでしょう。

一方で、自営業になると自分の責任で働くため、なにごとも自由になりますが、そのかわりに何にも守られません。商売上はたいへん弱い存在です。ただし、仕事上は下請法の庇護下に入りますので、自営業の方を取引の相手にするときは、契約や支払いのルールに注意しましょう。

下請法とは?

フリーランスなどの個人事業主を保護する法律が下請法です。仕事を発注する親事業者の資本金の額や、委託する業務の内容によって下請法により保護されることになります。下請法が定める条件に当てはまる法人も、下請事業者として保護の対象になることもあります。

〈親事業者がやらなければならないこと〉
● 契約書の作成・交付義務
● 60日以内の支払い期日を定める義務
　など
〈親事業者がやってはいけないこと〉
● 受領拒否、返品
● 代金の支払い遅延、減額
　など

心がまえ

入社1年目に求められること

できないことを知り、できることを増やす

　入社1年目の人間に社運を懸けたプロジェクトを任せる経営者はいません。しかし、いつかはそういう仕事を担える人材になってほしいと願っています。新人社員になったら、つい「できるアピール」をしたくなるものですが、すでにできることよりも、今はまだできないことを知り、できることをひとつずつ増やしていくことのほうが重要なのです。

★ 期待されていることと、期待されていないこと

入社1年目で、最初からなんでもできる人間はいません。新卒採用であれば1年前は大学4年生ですから、自分はなんでもできると感じているところからのヒヨッコ扱いに戸惑うでしょうし、中途採用でも前職の経験を活かそうと思っているところに環境が激変して悩むこともあるでしょう。しかし、雇う側は新人社員にそんなことは求めていません。新人にまず求めるのは、会社に馴染むことです。近年は割り切った考え方の人が増え、仕事以外のつながりは希薄になっていますが、それだからこそ仕事の上での「馴染み」はとても重要になっています。

☑ 新入社員に期待すること

- 自発的に業務に取り組む姿勢
- ほかの社員とのコミュニケーション
- 協調的に業務を遂行できるチームワーク
- 業務に対する熱意や興味

★ 業務や職場のルールは最短で覚えたい

具体的な業務の段取りや手順、ルールなど、決まっていることはなるべく早く身につけましょう。就業規則や朝晩の出退勤の作法なども、先輩社員を参考にしながら、その会社ごとの独自ルールに慣れてしまうことが大事です。時代錯誤なルールも世の中にはありますが、まずはそのやり方に慣れた上で、いずれ徐々に直していくのがよいでしょう。

★ 季節の流れをしっかり体で覚えていく

多くの会社は、季節ごとの独特の変動があります。会社には決算年度があり、1年ごとに事業の成果を取りまとめます。期末の前後は繁忙期になるでしょうし、公的機関との取引がある会社であれば、年度末の3月は特に忙しくなります。季節ものの商品やサービスを取り扱っている会社であれば、月ごとの変動は相当に大きなものになります。1年を通して業務に慣れていくなかで、どの時期には何が起こるのか、しっかりと体に覚えさせて、2年目に備えましょう。

★ 身につけるべきスキルは何かを1年目で探す

初年度で仕事に慣れていくうちに、先輩社員の働き方や、取引先との交流のなかで、徐々に自分のポジションが見えてくることがあります。この場面でこんなことができたら活躍できそう、先輩のこのポジションにもうひとりいたら、仕事が2倍できるのに、などさまざまな発見があるはずです。これから自分がどんなスキルや資格を得れば、今後の役に立つのか考えてチャレンジしていきましょう。

☑ 例えばこんなスキルアップ

● 効果的なプレゼンをするためにPowerPointに習熟したり、話術のレッスンを受ける。

● 海外の取引先との交渉のために、外国語に習熟する。

● ICTツール（→P193）を使いこなしたり、プログラミングをするために、コンピュータ関連のスキルを身につける。

● マネジメント能力向上のためのセミナーなどを受講する。

● 業務に直結する各種資格（→P250）を取得する。

間違いや失敗を認める

大半のトラブルはミス隠しから生まれる

　作業や数字を間違えたけど、怒られるのは嫌なのでそのまま次工程に流してしまった。ということは誰でもやってしまいがち。しかし、そこで直せばよかったものが、回り回って大きなトラブルに育って、会社を揺るがす大事件に発展することはよくあります。間違いや失敗は誰にでも起こるものとしてとらえ、すぐにリカバリーできる習慣を身につけましょう。

★ 人はなぜミスを隠すのか

間違いや失敗を隠すのは人間の、というより、動物の本能に近いものかもしれません。最初からミスを前提に行動する人は少ないため、うまくやるつもりで始めて、目論見が甘かったり、やり方を勘違いしていたりなど、さまざまな理由で失敗をしてしまいます。自分ひとりで仕事をしているならただやり直せばいいですが、ほかの上司や同僚と一緒に働いているのであればそうはいきません。上司には叱られるでしょうし、同僚には見栄やプライドが邪魔をして、ついミスを隠してこっそり挽回しておこうと考えてしまうものです。これを素直に明かすには、強い勇気と理性が必要になりますが、立場が弱い人ほど、簡単にはできないものです。

★ ヒューマンエラーは必ず発生するもの

人間は機械ではないので、体調や精神状態によってヒューマンエラーが発生します。どんなに快調でもエラーはゼロにはなりませんし、疲れがたまったり、メンタルが乱れていたりするとさらに発生する確率は高まります。失敗は必ず発生するという前提で、二重三重にバックアップをする手立てを用意しておくことが大切になります。そのためにも、失敗は周囲に明らかにして、いち早く必要な手立てを講じましょう。

★ リカバリーは早ければ早いほど簡単で確実

間違いや失敗を修正するのに、もっともよいのは、発生した直後です。多くのミスは、直後なら簡単な手間で修正もフォローもできます。しかし、時間が経てば経つほどその影響範囲は拡大し、根を広げ、誰の手にも負えなくなります。また対応する時間もなくなり、打つ手がなくなってしまいます。ミスをしたらすぐに報告、即座にリカバリーを図りましょう。

★ 認めない失敗は、また繰り返す

ミスをするのは、ミスをした本人にだけ責任があるとは限りません。そもそもの仕事のしくみ自体がミスを誘発する欠陥を有していることがあるからです。それを隠したりすると、しくみは改善されないまま、また同じ失敗が繰り返されます。失敗するしくみを抱えた仕事が成功する可能性はとても低いものです。失敗した側は、それを認め、失敗させた側もしくみ自体を見直していくことで、トラブルを未然に防ぐシステムが完成していくのです。

お金に対する意識を変える

すべてのお金は「預かっているもの」と考える

　社会で働くということは、お金の循環の一端を担うことです。対価を
もらって仕事をする、商品を売る、何かに対してお金を払う。お金はど
んどん流れていくものであり、あなたは一時的に預かっているにすぎな
いとも言えます。預かって、手放すまでに、その価値を増やすか減らす
かは、あなた次第です。お金を手にしたときに考えてみましょう。

★ 預かったからには価値を増やしてお返しする

お金はどんなカタチであれ、一時的に預かっているものと考えるのが、上手に使う
コツです。預かっているものなので、無駄に失くしたり、捨てたり、価値を下げた
りしてはいけません。それはあなたの評価に直結します。預けると価値を下げる人
間と思われるのは得策ではありません。あなたに預けておくと価値が増すと思って
もらえるように、常に意識してお金を取り扱うと、お互い得する関係が築けます。

価値を増やすビジネスパーソンになる

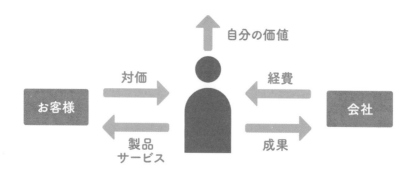

★ 無駄な経費は仕事の難易度を高める

会社の仕事には、経費としてお金を使うことが認められています。他人のお金だからいくらでも使ってしまえと考える人もなかにはいますが、経費が増えた分、仕事での成果をより上げることが求められます。まさに失敗が許されない状況を自分でどんどんつくっていることになります。少ない経費で、高い成果を上げれば、より高い評価が得られます。預かったお金は大事に使わなければなりません。

★ 早めでこまめな精算が仕事の負担を減らす

経費の精算は、ためてしまうと大変になる業務の代表的なものです。精算に要する時間はこまめにやってもまとめてやっても変わりません。ためてしまうと、どう使ったか思い出す手間が増える分、どんどん難易度が高まって一層たまりやすくなるという悪循環にハマリます。経費精算がたまるほど忙しいのであれば、なおさら大量の精算事務をこなす時間など、永久に割けません。毎日が難しければ、毎週、曜日と時間を決めて、必ず経費精算を行うという強い意思で習慣をつくっていくと、未来の自分を助けることになるでしょう。

★ 給与もまた、未来の自分からの預り金である

会社から支払われる給与は、あなたのものです。自由に使うことが許されているお金です。しかし、考え方を少し変えると、そのお金は未来の自分自身から預かっているお金だと考えることができます。今あなたがどう使うかで、20年後、30年後の価値を大きく増やすことができます。「自分への投資」という言葉がよく使われますが、未来の自分から預かっていると考えて、その価値を高めていくことができないか考えてみてもいいのではないでしょうか。

心がまえ

出社・退社の流れ

始業時間にベストパフォーマンスを発揮できる

　だらだらと出社して、午後あたりから動きだして、残業時間にバリバリ働くという平成スタイルはもう時代遅れになりました。令和の働き方は、定時内にきっちりと働き、残業なしで成果を出す、というのが基本です。そのためには、出社時にコンディションを整えて、退社時には翌日の支度もビシッと済ませて帰るというのがスマートです。

★ 出社前の「フライトチェック」

飛行機が飛ぶ前に設備や計器に異常がないか入念に調べることをフライトチェックといいます。あなたも出社前に、今日も無事に働けるかチェックしてみましょう。

✔ 朝のチェックリスト

☐ 身だしなみは整っているか（洗顔・整髪・メイク・服装）
☐ 手荷物を整備できているか（バッグの中身、名刺など）
☐ 交通機関の乱れはないか
☐ 天候に異常はないか
☐ 朝食はバランスのよいものを摂ったか
☐ 経済に関するニュースを見たか
☐ 時事問題に関するニュースを見たか
☐ 当日の予定を確認したか
☐ 財布、鍵、スマートフォンなど常備品に不備はないか
☐ 各種アイテムの充電状態を確認したか
☐ 体調に異常はないか

★ 出社前にワンクッションおく「朝カフェ」

出社時間ギリギリに会社に飛び込むと、息を整える間もなく仕事を始めなければなりません。30 分ほど前に会社近くのカフェに入り、好きな飲み物を楽しみながら、ゆっくりと気持ちを整えてから会社に向かうのもおすすめです。交通機関の乱れのバッファ（→ P282）にもなります。

★ 定時退社のためには、朝から綿密に調整する

昭和から平成の働き方では、残業はして当たり前、終電までに帰れるかどうかが勝負、という雰囲気がありましたが、令和の時代は働き方改革の時代。定時までにしっかり業務をこなして、時間どおりに退社するのが主流になるでしょう。そのためには午前中から優先度の高い仕事に着手し、16 時以降は残務の確認などに時間が充てられるように、早め早めに調整していくことが大事になります。

★ 退社時のチェックポイント

時間がきたから、はい終了帰ります、と言えればいいのですが、実際そうはいかないのが会社員のつらいところ。各方面へ迷惑のないように、今日やるべきことは残っていないか、業務全体を見まわして帰り支度を進めましょう。早く帰りたいからと、退社ギリギリで他人に仕事をバラまくのは、あとでしっぺ返しがきますので注意。

☑ 退社時のチェックリスト

- □ 本日が期限の業務は残っていないか
- □ 明日が期限の業務は分かっているか
- □ 経費の精算は済んでいるか
- □ 依頼された業務は把握しているか
- □ 依頼した業務の進捗は把握しているか
- □ 本日中に連絡しておくべき相手はいないか
- □ 仕事で帰宅前に寄らなければならないところはないか
- □ 座席のゴミなどを始末したか
- □ パソコンまわりの電源は落としたか

心がまえ

体調管理は戦略的に

目指せ！ ベストパフォーマンス

　いい仕事をコンスタントにこなすためには、そのパフォーマンスを支える強靭なフィジカルが必要です。体調の安定は日々の生活の積み重ねの上に立っています。いつでも少しの余裕をもたせながら、きちんと生活を組み立てて、仕事にプライベートに向き合えるように維持しましょう。

★ 体調管理は生活習慣の管理で実現できる

体調は多くの場合、生活習慣の乱れで悪化します。つまり日常を丁寧に暮らすことで、健康は維持できるということです。

☑日常の体調管理チェックリスト

- □ 睡眠は十分とれているか
- □ 水分の補給はできているか
- □ バランスのよい食事を三食摂れているか
- □ 適度な運動を毎日しているか
- □ 感染症予防はできているか
- □ 毎日リラックスする時間をつくれているか
- □ ストレスになる悩みを抱えていないか
- □ 悩みを相談できる相手はいるか

★ 仕事の成功には、体力のゆとりが不可欠

不規則な食事に、睡眠不足、体調不良が積み重なると、集中力も落ちてしまいます。こうなるといい発想はできなくなり、ミスも増えていきます。仕事で高いパフォーマンスを発揮しようと思ったら、その余裕を支える十分な体力が欠かせないのです。また、体力に余裕がないと疲れやすくなり、回復力も落ちるため、日々疲労が蓄積していきます。

★ 人体は食事でつくられ、睡眠で整う

人の体は新陳代謝を繰り返して維持されるため、その源となる食事は非常に重要なものです。また、睡眠中に体を休め、脳の中を整理するといわれています。ベストな状態で働くためには、バランスのよい食事と、適度な睡眠が欠かせないのです。

★ メリハリのある生活を送る

とはいえストイックな生活をみっちり送ったのでは、心が疲弊します。普段がんばっているのなら、ときにはハメを外して、好きなものを飲み食いし、全力で遊ぶということも大事です。人間の体は精密機械ではないため、たまに乱れたとしても、柔軟にカバーして、元の状態に戻ります。大事なのは、きちんとした生活を続けること。メリハリのある人生を送りましょう。

★ メンタルの安定も健康管理には必要

"健全な精神は健全な肉体に宿る"といいますが、その逆もまたしかり。体調を維持するには、精神面の安定も必要です。どんなに鍛えていても、金銭面での心配や、人間関係の悩み事を抱えていると、ストレスで体に変調をきたします。悩み事はひとりで抱え込まないで、家族や友人、場合によっては上司などに相談しましょう。また、誰でも病気でメンタルが傾くことは起こりえます。自分だけで対処しようとしないで、専門医の診察を受けることも視野に入れておきましょう。

入社前にしておきたいこと

平日に融通が利くうちに用事を済ませよう

役所や銀行など、平日の昼間にしか手続きができないところは多くあります。入社してから手続きをするには、平日に時間休や有給休暇を取るか、上司に相談して会社を途中抜けするしかなくなります。自由に時間が使えるうちに、各種手続きを済ませてしまいましょう。

◆ 転入届の提出

引っ越した場合は、前住所から転出して14日以内に転入届を役所に提出します。基本的に公的機関は平日の8時半〜17時に受け付けているので、その時間内に、用事を済ませましょう。住民票はマイナンバーカードがあればコンビニでも出せます。

◆ 運転免許証の住所変更

引っ越したら、最寄りの警察署などで、運転免許証の住所変更をしておきましょう。仕事が始まると、研修が続いてなかなか日中に自由な時間をつくれなくなります。普通免許が未取得なら、取っておくチャンスでもあります。

◆ 銀行口座の開設

給与口座など、勤め人には銀行口座が必要です。職場近くか、最寄り駅、自宅近くに支店がある銀行を選びます。支店の多い都市銀行が便利でしょう。会社から銀行を指定されることもあります。すでに口座があれば住所変更を。

◆ 通勤ルートの下見

初出勤で通勤時間を読み間違えて、初日からの遅刻を防ぐため、就職先が決まったら、自宅からどのぐらい時間がかかるかテスト出勤してみましょう。乗り換えの動線も吟味しておくと、本番でスムーズです。

◆ スーツやバッグなどの購入

仕事で使う服や靴、小物はしばらく買い物に行けなくても困らない程度に買い揃えておきましょう。最初の数ヶ月はなかなか落ち着いて買い出しなどできないものです。

◆ パソコンをマスター

どんな仕事でもパソコンの使用は避けられません。タイピングの練習やWordやExcelなど、絶対に使用するアプリケーションは慣れておくとすぐに仕事に使えて便利です。苦手意識があるのなら克服しておきましょう。

1

身だしなみと
社会人の必需品

人を見た目で判断するのはよくありませんが、ビジネスシーンで同僚や顧客からの信頼を得るためには身だしなみにも気を配らないといけません。昔と比べずいぶんとカジュアルダウンに寛容になりましたが、基本は押さえておきましょう。重要なのは清潔感です。

第一印象が大切

身だしなみの心がまえ

身だしなみの重要性

　仕事ができるならどんな服装でもかまわないのではないか、と思うかもしれません。しかし、身だしなみにおける第一印象はビジネスにとって重要になります。第一印象が悪いと、その後の仕事にも悪影響を与える可能性も。仕事をスムーズに進めるための第一歩と考えて、身だしなみはきちんと整えるようにしましょう。

☑ 押さえておきたい4つのポイント

① **清潔感**
男女問わず、一番に気をつけたいのが清潔感です。だらしない印象があると、仕事面もだらしないと思われる可能性も。髪がボサボサになっていないか、シャツなどにきちんとアイロンがかけられているか、などがポイントになります。

② **自然体**
華美な髪型や濃すぎるメイクなど自己主張が強すぎるのも避け、装いは自然体にしましょう。男性の場合、ひげも意識したいところ。ひげを伸ばしていてもいいですが、きちんと整えておきましょう。

③ **機能性**
プライベートだとおしゃれな恰好は好印象ですが、ビジネスの場においては機能性が重視されます。スーツを着ていることが多いのはその機能性も高いため。動いているうちに乱れてくるような服装は避けるようにしましょう。また、靴もおしゃれなものより履きやすいものを。

④ **品格**
エレガントというよりは、自分の体型や、周囲と調和がとれているかどうかがポイントになります。色が奇抜だったり、露出が多い服は品格が高いとは言えません。落ち着いた色合いで、自分の体型に合ったサイズ、デザインを選びましょう。

✅ 乱れやすい要注意ポイント

● 髪の毛

ボサボサだったり、寝ぐせがついたりしているときはきちんと整えるようにしましょう。髪型は会社によって基準が異なりますが、髪が長かったとしても、すっきりと整えられていれば問題ありません。カラーは派手すぎるのは避けたほうが無難です。また、肩や頭にフケがついていないかもチェックしましょう。

● ひげ

剃り忘れがないか、毎朝きちんと確認をするようにしましょう。伸ばしっぱなしの無精ひげはどうしてもだらしない印象を与えてしまいます。職業によってはひげがOKな場合がありますが、それもファッションの一部であり、整えられたひげです。ひげがOKだったとしても、整えられる自信がない場合は剃ったほうが安心です。

● ネイル

会社の規定によりますが、派手すぎるデザインやカラーはどうしても与えるインパクトが強くなってしまいます。さりげないかわいらしさがあり、普段のオフィスでの服装にも合うデザインを選びましょう。手元が美しく見えることを意識するとよいかもしれません。また、長すぎる爪は不潔に見えるのでケアを。

● におい

スメルハラスメントという言葉があるように、職場でのにおいは重要です。身だしなみにおいても注意しましょう。汗臭くなどはないか、臭い場合はシートで体を拭くなど対応を。口臭も食事に気をつけ、ケアも行いましょう。また盲点となりがちなのが香水です。強すぎる香りも不快になる場合があるので注意が必要です。

 自分を通して会社を見られている

多様性を重んじる時代です。職場での恰好も個性のひとつと主張するのは当然のことでしょう。会社のルールに従い、周りに不快な思いをさせていなければ問題はありませんが、取引先などに行く場合には普段よりも気をつけるようにしましょう。取引の際は、会社を代表して先方に赴いています。自分の印象はすべて会社の印象に直結します。そのことは念頭に置いておくようにしましょう。

02

外見も重要な要素

服装の基本

服装を整える余裕を

　身だしなみには、その人の精神状態が現れやすいといわれます。余裕がないと身なりを気にしなくなってしまいがちになります。結果、だらしがない恰好になり、身だしなみが乱れると、気持ちも乱れていき、悪循環に陥ってしまいます。常に身だしなみを整える心の余裕を持つことが、仕事でよい成果を出すことにもつながるはずです。

☑ 相手からどう見られているか意識する

ファッションでは「人の目を気にせずに、自分がしたい恰好を」という場合もありますが、ビジネスの場においては、「その場にいる人たちがいかに気持ちよく仕事ができるか」が大事になってきます。身だしなみが乱れている人がいると、職場のモチベーション自体を下げることに。特に、初対面の人は、相手の姿から多くの情報を得ようとします。だらしがないと、まともに仕事をしてもらえない可能性も。自分が一緒に仕事をしたいのはどのような身だしなみの人なのかを考えて、整えてみましょう。

☑ 服装のさまざまなスタイル

● **スーツスタイル**
　男性はダークスーツにネクタイを。女性はワンピーススーツや、スカート、スラックスを合わせます。靴も革靴やパンプスを選びましょう。

● **オフィスカジュアル**
　スーツほど堅くありませんが、取引先に赴くことができるスタイルかがポイントです。襟付きのアイテムを着る、シンプルなデザインである、などが挙げられます。

● **カジュアル**
　ビジネスの場だけではなく、普段の恰好としても適用されるような服装です。TシャツやジーンズなどもOK。基本、NGはありません。

☑ 入社後1年はリクルートスーツでもOK

リクルートスーツには明確な定義はありませんが、一般的に「就活のときに着るスーツ」という認識です。学生向けに販売されており、手ごろな価格のものも多くあります。一方、ビジネススーツになると、デザイン性が高くなり、バリエーションも増えます。生地も丈夫なもので作られており、長く着ることが想定されています。ただ、その分、金額がアップするのも事実。仕事に慣れ、収入も安定したころから徐々にビジネススーツに切り替えていきましょう。

☑ 適切な服装は仕事をする上でプラスに働く

入社してすぐのころは、どのような服装が適切なのか分かりづらいもの。徐々にどういう服装がベストなのかを探って変化させていきましょう。職場に合った服装をすることは、会社の雰囲気にも馴染んでいく要素にもなります。少しずつ、その会社の一員であることの実感が湧いてくるはずです。つかみきれないときは先輩に聞くのがベストです。また、適切な服装をすることで得られる大きなポイントは、取引先での信頼感です。不快感を与えない服装は、取引を行う上では何よりも大事です。個性よりも、仕事でのステップアップを目指して服装を選ぶようにしましょう。

☑ 服が汚れてしまったら

● **コーヒー、しょうゆ**
水かお湯で絞った布でシミを薄めます。シミが残った場合は、中性洗剤で叩いて取ります。

● **油、マヨネーズ**
ハンカチやティッシュペーパーなどで油分を吸い取ります。その後、中性洗剤を少量つけてシミになじませ、裏側にハンカチを当てて、湿らせた布で押さえます。

● **化粧品**
汚れがついている部分をタオルで押さえ、クレンジング剤を裏側から軽く叩くようにしてシミを移し取ります。

● **泥はね**
すぐに洗剤をつけて揉み洗い、すすぎをします。時間が経ってしまった場合は、乾いた泥を落とし、中性洗剤を染み込ませ、叩くようにして取ります。

Chapter
1

身だしなみと社会人の必需品／服装の基本

35

03

ビジネスの基本スタイル

男性のスーツスタイル

スーツはビジネスに必要不可欠

　カジュアルスタイルの職場だったとしても、必要なケースが多々見られるのがスーツです。取引先との打ち合わせや、場合によっては謝罪に行かなければならない、というときも必要になってきます。いざというときに慌てないためにも、自分の体型に合ったスーツを最低2～3着は用意しておくようにしましょう。営業職の場合は4着以上あると理想的です。

★ スーツスタイルで重要なアイテム

● **スーツ**

まず必要なのがスーツです。サイズが合っているかどうか、また、年齢に合った仕立てなのかも重要です。最初は3着あれば、交互に着まわすことができ、スーツも長持ちさせることができます。できれば、春夏用、秋冬用を用意しましょう。ジャケットとスラックスにベストを揃えたスリーピーススーツはおしゃれに見えますが、「立場のある方」＝「偉そう」な印象を持たれることもあるため、新入社員や初対面の人に会うときなどはツーピーススーツが無難です。

● **ワイシャツ**

スーツを日常的に着る場合は、5着持っておくと安心です。素肌に触れるため、スーツよりも傷みが激しくなります。また、きちんと洗濯することも忘れずに。汚れがあると不潔に見えて、相手への印象が悪くなります。

● **ネクタイ**

新社会人は、まずは1週間の出勤日数分を用意しておくと安心です。あまり汚れないからずっと同じでもよいのではないかという考え方はNG。ずっと同じネクタイを着けていると、仕事に対してやる気がないと思われる場合があります。

★ 男性のスーツの着こなしのポイント

襟

ワイシャツの襟の形もさまざまあり、シーンによって使い分ける。最もフォーマルなのはレギュラーカラーで、ビジネスシーンや面接などで好印象が得られる。

スーツ

無地かストライプを。暗めの色が無難。肩幅が合っていないとだらしなく見えることも。サイズ感にも注意。また、いちばん下のボタンは留めない。

靴

革靴をチョイス。定期的に手入れをすることを忘れずに。

ワイシャツ

白、またはサックスブルーの無地だと、どんなスーツにでも合わせやすい。

ネクタイ

無地、水玉柄やストライプがベスト。迷ったらネイビーに。チェック柄はややカジュアル。

ベルト

革製で黒をチョイスする。締めすぎに注意。

靴下

意外と無頓着になりがちなので注意が必要。パンツと靴をつなぐコネクターとしての色を選ぶ。

column インナーの透けに注意

素肌にワイシャツを着るのはご法度。インナーを着るようにしましょう。ただ、思っているより透けます。ワイシャツの下に着ていちばん透けないのはベージュです。ベージュに抵抗がある人はグレーを。白は想像以上に袖や首元のラインが分かりやすく見えます。また、黒はシャツがくすんで見えるので避けるようにしましょう。

04

好印象を得る

スーツの選び方①

自分に合ったスーツを選ぶ

　スーツはただ着ればいいというわけではありません。体型に形が合っていなかったり、デザインがふさわしくなかったり、また年齢不相応なものを着ているのもビジネスにおいては印象がよくありません。今の自分に合ったスーツを身に着けることで、より自身の印象をよくすることができます。そして、自身がステップアップしていくにつれて、スーツもグレードアップさせていくのがいいでしょう。

★ スーツの値段

初めてのスーツだと、どれぐらいの金額のものがいいのか分からないもの。高いものを買っておけばいいと思って購入すると、いわゆる"スーツに着られて"しまったり、生意気だと思われる場合もあります。年齢に合わせて金額を上げていくのがベストです。リクルートスーツが約1万円から3万円程度。20代は3万から3.5万、30代は3.5万から4.5万円程度を相場と考えるとよいでしょう。役職によってもスーツにかける金額が変わってくることを心に留めておいてください。

★ ワイシャツの選び方

スーツスタイルにおいて、ワイシャツは欠かせない存在です。体型に合っているか、可動域が確保されているかどうかはもちろん、カラーも重要に。また、襟はシーンに合わせて選びます。迷ったときは無地の白シャツか水色シャツがベスト。ストライプ柄も派手なものでなければOKです。ワイシャツでのオシャレは上級者の技。スーツと合わなくて着まわしができない場合も。

★ スーツはケアも大切

● 適度に休ませる

実はスーツは、学校の制服のように毎日着るのはNG。必ず中2日から3日は休ませるようにしましょう。風通しのよい場所に陰干しをしておくことで、染み込んだ汗を飛ばし、生地の劣化やカビ、においの原因を防ぎます。日光の下だと、スーツが色焼けしてしまうので避けてください。休ませることで型崩れを防ぐことができ、長くスーツを着用できます。

● きちんとハンガーに掛ける

疲れてそのままスーツを放置……ということがあるかもしれませんが、これは絶対にNGです。脱いだらすぐにハンガーに掛けるようにしましょう。ジャケットだけではなく、スラックスも同様です。型崩れを防ぐことができ、小さなシワであれば、スーツ自身の重みで復元されます。また、ハンガーはスーツ用のものを利用しましょう。

● ブラッシングをする

一日着用したスーツにはさまざまな汚れが付着しています。その日のうちにブラッシングをして、汚れを落としましょう。全体を軽くはたいてほこりを浮かせて、上から下へとはらうようにしてブラッシングをしていきます。繊維の中に入り込んだ汚れを落とすことができるだけでなく、つぶれた繊維が起き上がり、質感も元に戻ります。

● 適切なクリーニング頻度

スーツは自宅で洗濯をすることができません。定期的にクリーニングに出すようにしましょう。理想は1シーズンに1回から2回です。汚れた場合はその都度、出しましょう。また、衣替えの前にもクリーニングに出してから収納するようにすると安心です。汚れが付いたまましまってしまうと、虫食いやシミ、カビが発生する原因にもなります。

---

column   セミオーダーがおすすめ

一般的なスーツは平均的な体型に合わせて作られているため、体型に合わない場合があります。自分の体型に合ったスーツが見つけられない場合は、セミオーダースーツを選ぶとよいでしょう。やや価格が高くなりますが、フルオーダーよりは安く、試着をして自分に合ったサイズやデザインを選ぶことができます。予算に合わせて検討してみましょう。

男性のオフィスカジュアル

カジュアルでも職場であることを忘れない

　カジュアルと聞くと普段着のような恰好でいいのかと思う人もいるかもしれませんが、あくまでオフィスにおけるカジュアルです。カジュアルなビジネスファッションと受け止めましょう。スーツよりはラフですが、社外の人と会うときに、失礼にならない服装のことをいいます。相手に安心感を与えられる、清潔感も忘れない服装を心がけるようにしましょう。

★ ビジネスにふさわしいカジュアルスタイル

● **ジャケット、シャツ、パンツの組み合わせが基本**
基本は、シャツにパンツ、ジャケットを合わせていれば安心です。シャツは襟付きのものだとベスト。シワがないもので、ボタンも開けすぎないようにしましょう。パンツはスラックスかチノパンを。デニムだとカジュアルになりすぎます。短パンはNGです。

● **色選びが重要**
鮮やかだったり、派手な色は華やかですが、オフィスカジュアルとしては目立ちすぎてしまいます。ブラックやグレー、ネイビーをメインに据えて、その色に合わせるコーディネートを心がけるとまとまりもよく、落ち着いて見えます。

● **ゆるすぎるシルエットはNG**
オフィスカジュアルも体型に合っているかが重要です。ゆるすぎるシルエットのものだと、だらしない印象を与える場合があります。特にジャケットは、ジャストサイズを選ぶようにするとカッコよく着こなすことができます。相手にも好印象を与えられるでしょう。

★ 男性のオフィスカジュアルの着こなしのポイント

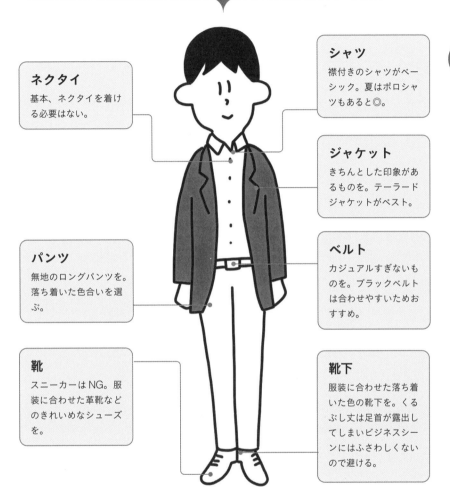

シャツ
襟付きのシャツがベーシック。夏はポロシャツもあると◎。

ネクタイ
基本、ネクタイを着ける必要はない。

ジャケット
きちんとした印象があるものを。テーラードジャケットがベスト。

パンツ
無地のロングパンツを。落ち着いた色合いを選ぶ。

ベルト
カジュアルすぎないものを。ブラックベルトは合わせやすいためおすすめ。

靴
スニーカーはNG。服装に合わせた革靴などのきれいめなシューズを。

靴下
服装に合わせた落ち着いた色の靴下を。くるぶし丈は足首が露出してしまいビジネスシーンにはふさわしくないので避ける。

column 作業着やユニフォーム

作業着やユニフォームを着るのは、そのほうが職場での機能性が高いからです。基本的には職場のルールに則った着方をするようにしましょう。勝手にアレンジした着方をすると、事故などにつながる場合もあります。また、安全性の観点からも、作業着やユニフォームも体型に合ったものを着用しましょう。

06 機能性を重視する 男性のカバン・靴・小物

カバンの基本は「A4サイズが入る黒」

　ビジネスで使用するバッグは、スーツを着ているときに持つことを意識して選ぶようにしましょう。一般的にはブラックやネイビーが無難です。フォーマルな場面でも持つことを考えて、素材は本革、合成皮革を。サイズは書類としてやりとりすることが多いA4が入るものにしましょう。

★ カバンに入れておきたいアイテム

● **ハンカチ1 〜 2枚**
普段、自分が使う用のほか、汚した際などに予備が1枚あると便利です。

● **裁縫セット**
ボタンなどが取れていると、相手にだらしない印象を与えてしまいます。応急処置ができるように、念のため入れておきましょう。

★ ビジネスシーンでのリュックサックの使用

近年、議論となることが多いのが、スーツ着用の際のリュックサックの使用です。基本的に問題はありませんが、おしゃれ重視で機能性が低いものや、反対に本格的な登山などで使うものではなく、ビジネスリュックを選ぶ必要があります。ビジネスリュックは、素材は本革や合皮など、スーツと合う素材で作られていることも多く、機能性もビジネス仕様となっています。また、リュックとして使えるだけではなく、多くは持ち手もついているので、背負わなくても使うことができます。ただ、年配の方には嫌がる人もいるので判断が分かれることもあります。職場のルールや雰囲気に合わせて使用するようにしましょう。

★ 靴の選び方

● スーツスタイルのとき

基本は内羽根式で靴ひもがついている革靴です。迷ったときに、このチョイスをしておけば問題になることはありません。色は黒が無難です。冠婚葬祭のときにも活用できるので重宝します。コーディネートのアクセントにしたい場合は、ブラウンを選んでみるのもよいでしょう。派手な色はスーツと合いません。

● オフィスカジュアルのとき

スーツと同じように、革靴が定番です。ただ、内羽根式でなくて大丈夫。もう少しカジュアルダウンしたローファーやスウェードシューズでもOKです。スニーカーは避けたほうが無難ですが、企業によってはOKなところもあります。

★ 小物でハイスタンダードを演出

● 時計

スマートフォンで時間を確認するのは避けたいので、腕時計は必要です。若いうちから高級な時計をつけていると浪費家のような印象を与えます。デジタルウォッチやスマートウォッチは、さりげなくシンプルな色合い・デザインのものが洗練された雰囲気を演出できます。

● 財布

ビジネスシーンでは直接的には目にすることはありませんが、ふとしたときに取り出すことが多いのが財布です。学生のころから使っているようなカジュアルな財布は控えるようにしましょう。カラーはブラックやブラウンなど定番のものとしつつ、革か合皮のもので、デザインを重視して選びましょう。

● ベルト

スーツを着用するときに欠かせないのがベルトです。スラックスが下がったり、ワイシャツの裾が出ないようにします。さらに、コーディネートを引き締めるという役目も。無難なデザインはプレーンベルトですが、そのほかにもスーツに合うデザインがあります。

● ネクタイピン

スマートにつけるとスーツスタイルにアクセントをつけることができます。ユニークなネクタイピンも多くありますが、華美でないデザインを選びましょう。ジャケット着用時と脱いだときで位置に違いがあります。

バリエーション豊か

女性のスーツスタイル

自由度の高い女性のスーツ

　男性のスーツに比べ、選択肢が多いのが女性のスーツです。職種や職場の雰囲気によって異なりますが、ボトムスにパンツスタイルとスカートを選べるだけでなく、インナーとして着るシャツの自由度も高め。カラーはグレー、紺、ベージュなどを選ぶと、小物とも合わせやすくなります。

★ スカートとパンツスタイル

● **スカート**

幅広い業種で着ることができるのがスカートスタイルです。スカートだと柔らかい印象を与えることができます。どういったスタイルがよいか悩んだときは、スカートスタイルを選ぶと無難です。

● **パンツスタイル**

パンツスーツの利点は動きやすさです。活発で積極的な印象を与えられるため、アクティブなイメージになります。動くことが多い職場でも、パンツスーツなら動きやすくて◎。機能性を重視する場面ではパンツスーツがよいでしょう。

★ コートは2着用意

肌寒い時期から寒い時期にかけて重宝するのがコートです。取引先と会うときにはコートは脱ぐので、一般的なデザインのコートなら問題ありません。ただ、2着用意しておくと、1着が汚れてしまったときなどに安心です。また、季節の移り変わりでコートを替えるという人も薄手のものと厚手のもの、2着用意しておくと安心です。時期に合わせて着こなせます。

★ 女性のスーツスタイルの着こなしポイント

ジャケット
女性の場合は肩幅のフィット感を優先して選ぶ。

ボタン
スーツのボタンは1〜3個とバリエーションがあるが、女性の場合すべてのボタンを留めるのがマナーとなる。

スカート、パンツ
スカートは椅子に座ったときに膝が隠れるぐらいの長さのものを。

靴
スーツスタイルの場合はパンプスが主流。ヒールは3〜5cm程度が目安となる。

シャツ
シャツやブラウスはサイズさえ合っていれば自由度が高め。また、露出度が上がってしまわないように気をつける。特に胸元はお辞儀をしたときに、下着が見えることがあるので確認を。カットソーを合わせてもよい。

ストッキング
ナチュラルなベージュがベストです。柄物はNG。生足も避ける。

column 装飾付きスーツについて

自由度が高い分、選ぶのも難しい女性用のビジネススーツ。どんなスタイルのスーツがいいかは、TPOに合わせて選ぶようにしましょう。装飾が付いているスーツも場合によってはOKになることがあります。ただ、職場の雰囲気とは合わないこともあります。迷ったときはシンプルなスーツを選んでおくと失敗がありません。

自分に合った着こなしを

スーツの選び方②

色や形の組み合わせでバリエーションを増やす

　女性用のスーツは襟やボトムスによって種類が分かれます。ジャケットの襟はノーカラージャケット、テーラードジャケット、ノーカラークルージャケットの3種類。ボトムスはスカートとパンツの2種類、インナーはシャツやブラウス、カットソーなどがあります。組み合わせを変えることによって、それぞれ着たときの印象が変わります。ただ、派手なデザインや色は避けるようにしましょう。堅めな職場の場合はノーマルな白のシャツを、華やかに見せたい場合はフリルブラウスを着用するなど、TPOに合わせてチョイスを。

★ 色が与える印象を理解してスーツや小物を選ぶ

黒	高級感があり、スタイリッシュな印象
グレー	クールで洗練された印象
ネイビー	知的で真面目な印象
赤	活動的で華やかな印象
緑	堅実、穏やかな印象
青	さわやか、清潔感がある印象
紫	大人っぽい、神秘的な印象
茶	落ち着いている、安心感を与える印象
ピンク	柔らかく、優しい印象

★ 選ぶときのポイント

● **肩幅**

羽織ってみて、ボタンを留めた状態で肩幅がぴったりかどうかをチェックしましょう。狭いと可動域も狭く、広すぎるとだらしない印象になってしまいます。

● **袖丈**

手をまっすぐ下ろしたときに、手首より1cmから1.5cm程度下の長さがベストです。腕を曲げたときに、長袖のシャツが袖口から1cm程度見えるような袖丈にしましょう。

● **スカート丈、パンツ丈**

スカートは膝丈がベストです。短くても膝上まで、長くても膝下までの長さに。パンツ丈はシルエットに合わせてベストなバランスが異なります。

● **ウエスト**

少しゆるめにしておくのがおすすめです。サイズがぴったりだと、ウエスト部分にシワが入りやすくなってしまいます。

★ ひとつボタンとふたつボタン

ボタンの数によって相手に与える印象が異なります。ボタンがひとつだけの場合は、ウエストラインが締まるので、程よくくびれができます。一方、ふたつボタンの場合は胸元があまり開かないので、シャープですっきりとした印象に。よりきっちりとした印象を与えられます。サイズが合っていないと窮屈に感じられるので選ぶ際は注意を。基本的に、女性の場合はスーツのボタンを留めておくのがマナーになります。座ったときもつい外してしまわないように注意しましょう。

★ インナーの選び方

女性用スーツのインナーはブラウス、カットソー、シャツの3種類があります。また、カラーは白やピンク、水色といった淡い色を合わせることが多め。柄を取り入れるとしたら、ストライプやドットなどがさわやかです。また、ブラウスに着目すると、フリルやリボンタイなどのタイプもあります。多く組み合わせがあるため、迷ってしまうかもしれませんが、職場の雰囲気に合わせて選びましょう。

09

節度あるスタイルが基本

女性のオフィスカジュアル

カジュアルの基準は会社によって異なる

　オフィスカジュアルとは、スーツスタイルよりもカジュアルダウンしているものの、職場にふさわしい恰好のことをいいます。来客があったときに失礼がないファッションだと考えるようにしましょう。基本的にはジャケットかカーディガンを羽織り、シャツまたはブラウス、ボトムスはパンツかスカート、ここにパンプスを合わせます。

★ オフィスカジュアルのNG

● **露出度が高いもの**
胸元が大きく開いていたり、丈の短いスカートなどは露出が多い服装だとみなされます。またブラウスといっても、オフショルダーやオープンバックなどのものは露出度が高すぎるのでNGです。ショートパンツも着用しないほうがベスト。

● **カジュアルすぎるもの**
デニムやTシャツはシンプルですが、オフィスカジュアルとしてはカジュアルになりすぎてしまうのでNGです。きちんとした印象を与えることも重要なので、チノパンとブラウスやシャツなどを合わせるようにしましょう。

● **高価すぎるもの**
あくまで仕事をする場での服装です。高価すぎるものを身に着けていると、汚さないか気になって逆に動きづらかったり、仕事がはかどらなくなってしまいます。カジュアルすぎるのもNGですが、高価すぎるのも避けるのがベスト。

● **ボディラインが分かるコーディネート**
露出度が高くない服装だったとしても、体のラインがはっきりと分かってしまうものは職場ではあまりふさわしい恰好とはいえません。体型に合ったものを、というのがベストですが、そこまでぴったりとしていなくて大丈夫です。

★ 女性のオフィスカジュアルの着こなしポイント

トップス
シャツやブラウス、シワになりにくいカットソーなどをチョイス。

ジャケット
ジャケットでなくても、カーディガンでも OK。

ストッキング
足の見えるスカートの場合は、ストッキングの着用は必須。ナチュラルなカラーのものをチョイス。

アクセサリー
ネックレスやピアスなどのアクセサリーはマストではなく、身に着ける場合は華美になりすぎず、控えめなデザインを。

スカート
ミモレ丈やひざ丈以下だと着まわしがしやすくて◎。

靴
落ち着いた色で、シンプルなものを。ヒールは 3 〜 5cm くらいのものを選びましょう。

---

 column 　アクセサリーを取り入れる

アクセサリーもオフィスカジュアルの一部です。鮮やかで目立つアイテムは基本的には NG。ネックレス、イヤリング、ピアスなどに限定しましょう。ブレスレットや指輪もたくさんつけていると印象が悪いです。また、取引先の担当者と会うときは外し、着用する場合はシンプルで小ぶりなものを選ぶようにしましょう。さりげなくダイヤやパールが入ったものもおすすめ。どんな職種でも違和感なく着けることができます。

10

つま先まで抜け目なく

女性の靴・その他の小物

靴はデザイン性と履きやすさを重視する

　基本的に、ビジネスシーンで履くのはパンプスです。そこで何よりも重要になるのが履き心地のよさです。デザイン性を重視しつつも、一日履いて歩きまわることができるかどうか、という点にも着目して選びましょう。光沢があったり、派手な色のヒールはカジュアルな印象を与えるので避けたほうが無難です。また、バックストラップのものや、オープントウのものは避けたほうがベター。また、夏でも素足は厳禁です。

★ 靴選びのポイント

● **かかと**
かかとがしっかりと引っかかるか確認しましょう。引っかからないと、かかとの部分がパカパカしてしまい、歩きづらく、歩いている姿も美しいものとは言えません。

● **つま先**
靴のつま先はエジプト型、ギリシャ型、スクエア型に分かれます。それぞれの形によって合う形が違うので、必ずお店で試着して足が痛くならないか確認しましょう。

● **幅**
足が幅広だという人は、実際にお店に行って足のサイズを測ってもらってから選ぶようにしましょう。足幅だけで選ぶと、かかと部分がパカパカしてしまいます。

● **ヒール**
ビジネスシーンではヒールは3〜5cmぐらいがおすすめです。高いヒールだと疲れてしまう場合があります。ただ、歩きやすいスニーカーなどはビジネスシーンには向きません。

★ カバンの中に入れておくと役立つもの

● 予備のストッキング

思いがけないところで破れてしまうことが多いのがストッキングです。新しく買おうとしても、近くにコンビニ等がないと手に入れられません。そして出先で動揺してしまうことにもつながります。予備のストッキングをカバンに入れておけば、不測の事態でも慌てる必要はありません。

● 絆創膏

一日中、パンプスで歩きまわっていると、どうしても靴擦れなどが発生してしまいます。傷口を保護しておくためにも絆創膏はカバンに忍ばせておくようにしましょう。また、靴擦れ防止テープも役立ちます。靴擦れしそうな予感がしたら、あらかじめ貼っておくようにするのもひとつの手です。

● ヘアゴム

髪が長く、ダウンスタイルの女性は、1〜2本ヘアゴムを入れておくようにしましょう。何か作業する際、髪が邪魔になることも。そういったときにサッと髪をまとめられると仕事もはかどります。併せて、ヘアピンもいくつか持っておくとなおよいでしょう。

● コンパクトミラー

女性の場合、メイクをすることも身だしなみのひとつだと言われています。取引先などに行く前にはサッとミラーで確認をするようにしましょう。面会の前に化粧直しを済ませておくと◎。きれいに整えることで、仕事前の自分の気合を入れ直すことにもつながります。

★ ポーチを活用してカバンの中を整理する

身だしなみを整えるものも多くなってしまいがちなカバンの中。どこに何が入っているのか分からなくなってしまい、サッと取り出せないとそれだけで時間のロスになってしまいます。また、カバンの中が煩雑だと、それを誰かに見られたときにイメージダウンになる可能性もあります。用途ごとにポーチを用意して分けて入れておくと、カバンの中もすっきりとし、必要なものをサッと取り出すことができます。特に、メイク用品は行方不明になってしまいがち。また、ガジェット系もカバンの中でコードがねじれてしまうことがあります。忘れ物防止のためにも活用してみてください。

11

清潔感を意識する

メイク・ネイル・アクセサリー

ナチュラルメイクが基本

　学生まではメイクをしてもしなくても問題はありませんでしたが、社会人になってからのノーメイクはマナー違反になる場合もあるため、自然なナチュラルメイクを施すようにしてみましょう。やり方が分からない場合は、メイク講座や、化粧品を購入する際にプロに尋ねてみましょう。

★ メイクの手順とポイント

① **洗顔・スキンケア**

洗顔のあと、化粧水や乳液などでスキンケアを行い、肌を整えます。

② **ベースメイク**

だいたいパールひと粒大ほどの量を全体に塗布します。化粧下地⇒ファンデーションの順番です。

③ **ティッシュオフ**

顔全体をティッシュペーパーで押さえ、余分な皮脂やファンデーションを取り除きます。

④ **アイメイク**

アイシャドウ、マスカラを施します。アイシャドウの色味はベージュやブラウンなど肌なじみがよいものがおすすめです。
マスカラはブラックやブラウンなどの色味のロングタイプのマスカラがおすすめです。

⑤ **チーク・リップ**

自分の肌に合った色合いのものを選びましょう。
リップは赤ではなくピンクベージュ系が落ち着いており、ビジネスシーンではおすすめです。

★ 清潔感のあるヘアスタイルとヘアケアのポイント

ショートヘアは快活な印象を与えることができ、ケアも短時間で済ませられるので、忙しい社会人には嬉しいスタイルです。ただ、ベリーショートになると奇抜ととらえる年配者もいるため、禁止となる場合もあるので確認を。ロングの場合は、ヘアアイロンなども使いやすくアレンジも広がります。忙しい朝でも、ひとつにまとめておけばサマになるメリットもあります。こちらも会社のルールで長い髪は束ねなければならない場合があるので確認をしましょう。そして、どんな髪型でも注意したいのが清潔感です。乾燥したり、ダメージがあるとそれだけでだらしない印象になってしまいます。週に一度程度は特別なトリートメントなどで丁寧にケアを。

★ ネイルやアクセサリー選びのポイント

● ネイル

会社の規定によってネイルが禁止の場合もあるので確認をしましょう。OKな場合でも、華美なデザインや派手な色は避けたほうがベターです。また、爪が長すぎると作業がしづらかったり、不潔な印象を与える場合があります。きちんとケアをしましょう。

● アクセサリー

会社でつけても問題ない場合は、できるだけシンプルなものを身に着けるようにしましょう。ただ、職種によってはおしゃれが重要視される場合があるので、職場の雰囲気に合わせるようにするとよいでしょう。

● ストール

ストールの扱いはコートやジャケットと同等になるので、社内では外すのがベストです。ただ、防寒用などのために、デスクで作業する際につけているのは場合によっては認められることがありますので、オフィス用に用意したほうがよいでしょう。

● 香水

香水をつけると、自分の気分も上がり、仕事効率アップの役割も果たしてくれる場合があります。ただ、つけすぎると周りの人に香害となってしまう場合があるので、その点には注意を。香りは下から上がってくるので、膝裏や足首の内側、内ももなどにつけるのがおすすめです。

12

ビジネスの場でも快適に

クールビズとウォームビズ

TPOはわきまえる

　クールビズは衣服の軽装化を、ウォームビズは20℃でも温かく動きやすい恰好のことをいいます。環境省が推進している地球温暖化対策で、冷房や暖房に必要なエネルギー使用量を削減し、二酸化炭素の発生を抑えることを目的としています。ただ、それらの恰好がビジネスの場にふさわしいかというと時と場合によります。商談などの場合は適用しないほうが無難でしょう。

★ クールビズのポイント

● **クールビズの期間**

最高気温が25度以上となる夏日が月の半分以上を占める期間と設定されています。2022年度は5月から9月末がクールビズ期間となっていました。ただ、地域や企業によって方針の違いがあります。

● **クールビズの基本スタイル**

ノーネクタイ、半袖シャツが基本のスタイルとなります。スーパークールビズ期間では、ポロシャツやかりゆしウェア、アロハシャツなども着用可能に。女性の場合はクールビズの定義が曖昧ですが、クールビズ用のシャツを着用するなどの方法があります。クールビズ期間だからといっても、ノースリーブは避けましょう。また、会社によって規定が異なるので確認を。

★ ウォームビズのポイント

● ウォームビズの期間

ウォームビズは2005年に開始されて以降、期間が決まっており、11月1日から翌年の3月31日までとなっています。地域によって気温差がありますが、室温の設定温度20℃を目安に、快適に過ごせる環境づくりを行います。

● ウォームビズの基本スタイル

スーツの場合は、ジャケット、ベスト、スラックスのスリーピーススタイルにします。また、フランネルやツイードといった保温性の高い素材を身に着けてみましょう。また、インナーのワイシャツも、綿100%やリネンウールを使ったものを。女性も身に着けるアイテムを保温性の高い素材のものを使ったり、薄手のものを重ね着して温かさを保ちます。「3つの首」といわれる首、手首、足首を温めるのも効果的です。

● おすすめアイテム

カーディガンやセーターなどがあると温度調整がしやすくなります。また、足先が冷えると全身が冷えてしまうので、温かい靴下もおすすめです。空気が乾燥して手荒れが起こりやすいので、ハンドクリームも常備しておくといいでしょう。

column

訪問するときの服装

クールビズ中の取引先への訪問は頭を悩ませてしまうところ。しかし、初回の挨拶の際は、ネクタイを着用し、ジャケットを着た通常のスタイルで訪問するのがマナーとしては安心です。先方もクールビズを推奨していたり、すすめられたりした場合は、2回目以降の訪問ではジャケットとネクタイを外しても問題ありません。先方との関係性や、クールビズに対してどのような方針なのか確認してから対応すると安心です。

朝の身だしなみチェック

一日を気持ちよくスタートするために

出社前には全身、上から下までチェックして、気持ちのいいスタートを切るために、カラダとファッションの両面から確認をしましょう。

☑ 洗顔と保湿ケアはできているか

朝の洗顔は、清潔な肌を保ち皮脂を落とすために重要です。適切な洗顔料で丁寧に洗いましょう。さらに保湿クリームや化粧水で肌に水分を与えます。

☑ 髪は整っているか

ブラッシングをし、適度な整髪料で髪を整えます。髪の長さや結び方も職場に適したものに。ヘアアクセサリーは、職場の雰囲気に合わせ、華美にならないものにしましょう。

☑ メイクは適切か

メイクアップは清潔感を与え、自信を持たせる効果がありますが、過剰なメイクは逆効果。ナチュラルなメイクを。香水はなるべく控えめにします。

☑ 口臭はないか

口臭は周囲に不快感を与えます。毎朝歯磨きを念入りに行い、歯間ブラシなどで歯の隙間の汚れも落とします。マウスウォッシュや口内スプレーも効果的。

☑ スーツのシワや汚れはないか

スーツは清潔でシワのないものを選びましょう。毎朝、シワや汚れがないか確認し、定期的にクリーニングに出しておきましょう。アイロンがけも効果的な手段です。

☑ 靴やカバンの状態は適切か

靴やカバンも清潔な印象を与えるポイントです。靴は汚れを落として磨き、カバンは型崩れや傷がないか定期的に確認をします。必要に応じて買い替えや修理を考えましょう。

☑ ネクタイ、シャツ、ストッキングは適切か

ネクタイやシャツは、シンプルで上品なものを。ストッキングはナチュラルなカラーが基本です。伝線対策に予備を一足カバンに用意しましょう。

コミュニケーション
のとり方

仕事はひとりではできません。そこには必ず
他者がいます。仕事で関わる人たちと良好な
関係を築くためには、円滑なコミュニケーショ
ンが欠かせません。挨拶からはじまり、言葉
遣いや話し方などの基本的なことから、人付
き合いの方法までを学んでいきましょう。

01

ビジネスに欠かせない能力

コミュニケーションの心がまえ

コミュニケーションの重要性

社会生活を営む上で、他者との関わりはとても大切なものです。職場においてチームワークを築くためには、意思の疎通が必要不可欠となります。適切なコミュニケーションによって、職場での問題解決が可能となる一方、不適切なコミュニケーションは誤解や不信感を生み、人間関係を悪化させることがあります。

★ 伝わらないと意味がない

コミュニケーションの基本的な考え方で、最も重要なものは「相手に伝わる」ことです。しかし、誤解なく伝えるのはとても難しいことでもあります。相手の話を聞くときの態度や、自らの意見を伝えるときの言葉選びも、伝わり方に大きく影響します。特にビジネスの場では、自分の考えていることが正確に伝わらないと、大切な案件やプロジェクトがうまく進まなくなることがあります。

☑ コミュニケーションをとるための3つのポイント

① **伝えるときの言葉や表現に注意する**
言葉の選び方や表現には注意が必要です。相手に伝えたいことを明確に、分かりやすい言葉で伝えるようにしましょう。また、具体的な例や説明を交えるとよいでしょう。

② **相手の反応や雰囲気を気にかける**
相手の反応や雰囲気を気にかけることも重要です。相手の言葉や表情から感じ取れるさまざまなサインを受け止め、適切な対応をしましょう。

③ **相手に興味を持ち尊重する態度をとる**
相手の話に対して適切な返答をすると、信頼関係を築くことができます。また、聞き上手であることも大切。相手に興味を持ち尊重する態度が求められます。

★ コミュニケーションは相手のことを理解することが大切

良好なコミュニケーションを構築するためには、相手を理解することが不可欠です。相手の話をうまく引き出し、適切な相槌を打ち、自分のことを話すのはほどほどにしましょう。相手の立場に立ち、共感することで、適切なアプローチをすることができます。相手の話を傾聴し、相手の気持ちを読み取ることが、よりよいコミュニケーションを実現するためには重要です。ただし、ときには自分自身の意見を明確にし、誤解が生じないようにすることも必要です。短い言葉で適切に、意思を伝えるようにしましょう。

★ 相手や状況によって伝え方を変える

伝え方は相手の置かれている状況によって異なります。相手の立場や気持ちを理解し、相手にとって分かりやすく丁寧な言葉を使うことが重要です。例えば、お願いする場合には相手の都合や負担を考慮する必要があり、また、話をするタイミングも大切です。仕事のために伝えなければならないことなのか、場をなごませるための雑談なのかは明確にしておきましょう。相手の状況を確認し、自分の意見や要望を明確に伝えます。

● お願いするとき

お忙しいなか恐れ入りますが、少しだけお時間をいただけますでしょうか?

● プレゼンするとき

今回のプロジェクトでは、○○のような成果を挙げることができます。ご協力をお願いいたします。

column 学生と社会人のコミュニケーションの違い

学生時代は、友達や先生との会話や授業中の発言など、自分が主体となるコミュニケーションが多い傾向があります。一方で社会人は、仕事上での上司や同僚との情報共有や、お客様との対話が多く、相手に対して丁寧で正確な伝え方が求められます。相手の年齢や属性に応じて、会話のテンポや話し方を変えることも必要となってくるでしょう。敬意をもって対話をすることが大切です。ビジネスでは相手とのコミュニケーションで業務の成否が左右されることがあるため、コミュニケーション能力の向上は重要な課題となります。

02

15秒で決まる

第一印象の大切さ

第一印象が与える影響

　第一印象は、あらゆる人間関係の中で重要な役割を果たします。商談などで初対面の相手に与えるファーストインプレッションは、その後の関係構築に大きな影響を与えるとされています。また、第一印象は、その人の信頼性やプロ意識などのイメージを決定づけます。相手にいいイメージを印象づけることができるように好感度アップで、第一印象を味方につけましょう。

★ 第一印象は視覚から

第一印象では、身だしなみなどの視覚的な要素が重要です。服装はもちろん、髪型やメイクなども印象を左右します。清潔感を保つように心がけましょう。また、男女ともに、体のサイズに合った衣服を着用しておくのが確実です。靴やカバンなどの持ち物にも気を抜かず、清潔で手入れされたものを身に着けるようにしましょう。必ずしも高価な服装である必要はありません（Chapter1 参照）。

★ 声色や言葉遣いも大切

見た目だけでなく、声のトーンや言葉遣いも第一印象に大きく影響します。話し方、使う言葉によって相手に与える印象が変わってきます。明るく丁寧な話し方や、適切な敬語の使い方などに注意しましょう。相手が年上であっても年下であっても、初対面では敬語を使うほうが賢明です。大きな声は快活な印象を与えますが、あまりに大きすぎる声は、相手に威圧感を与えたり、場の空気を読めていないという印象を持たれてしまいます。緊張すると早口になりがちな人は、意識して落ち着いた口調で話すようにしましょう。

★ 好印象を持たれるために

● 謝罪と感謝が基本

誠意をもって謝罪することや、感謝の気持ちを示すことは、社会人としてのごく基本的な心がけです。相手とのコミュニケーションを大切にし、相手の立場や気持ちに寄り添った対応を心がけましょう。初対面で謝罪をする場合には、謝罪の場にふさわしい身なりをしていることも大切です。華美な服装やメイクは避けたほうがよいでしょう。

● 学びの姿勢と歩み寄りを大切に

ビジネスでは強く交渉しなければならない場面もあるでしょう。しかし、主張をするばかりでは相手に不信感を抱かせてしまいます。相手から学ぶ姿勢を示すことや、自分の意見だけでなく相手の意見にも耳を傾けることは、信頼関係を築く上で重要です。また、お互いの意見の違いを認め、妥協点を見つけるためにも、歩み寄りの姿勢を示すことが大切です。

● 落ち着きを持って接する

冷静かつ丁寧な態度を示すことで、相手に安心感を与えることができます。自信を持ってコミュニケーションを行うことで、相手もあなたのことを「信頼しても大丈夫だ」と思うことができます。自分の心や体の状態にも気を配りましょう。面談などで短い時間しかとれない場合には、話すべきことをあらかじめまとめておき、慌ただしくならないように気をつけます。

● 日頃のコミュニケーションが大切

よい第一印象を持たれるためには、日頃からのコミュニケーションが大切です。初対面の前に電話やメールなどでやりとりがある場合、あらかじめ信頼を獲得しておくのが賢明です。相手の話に真剣に耳を傾けることで、信頼関係を築くことができます。また、こまめな連絡などのコミュニケーションをとることで、自分自身の魅力を相手にアピールしておくことができます。

権利ばかりを主張すると印象は悪くなる

権利を主張することは大切ですが、相手への配慮も大切にしましょう。相手の立場や気持ちを考慮した上で、自分自身の意見を伝えることが重要です。また、相手に対して誠意を持った対応を心がけましょう。こちら側の権利を主張する場合、相手側に対して譲歩できる部分はどこなのかを、あらかじめ想定しておくといいでしょう。

03 相手の心を左右する

言葉以外のコミュニケーション

2つのコミュニケーション

　コミュニケーションには、バーバルコミュニケーション（言葉）とノンバーバルコミュニケーション（身振りや表情、タイミングなどの非言語的な要素）があります。ノンバーバルコミュニケーションでは、言葉で表現しにくい感情を相手に伝えることができます。相手によい印象を与えるために、バーバルコミュニケーションだけでなく、ノンバーバルコミュニケーションも使いこなしていきましょう。

✅ ノンバーバルコミュニケーションのポイント

● **態度で印象は大きく変わる**
相手に与える印象は、態度で大きく左右されます。自信を持って立ち、背筋を伸ばし、相手と目線を合わせましょう。また、相手に合わせた距離感も意識しましょう。親密な態度を表に出しすぎたり、逆に距離をとりすぎたりしないように、バランスのよい態度を心がけます。

● **相手に寄り添った表情で**
表情も重要な要素です。相手に対して興味を持っている、理解しているという意思表示を表情で示すことが大切です。また、相手の話に対して相槌などの適切な反応を示すことで、相手が「自分を理解してもらえている」と感じることができます。

● **見られていることを意識して丁寧な所作をする**
体の動きも相手に与える印象に大きく関わります。立ち居振る舞いに気をつけ、常に誰かに見られていることを意識して丁寧な所作をすることで、好印象を与えることができます。人への態度だけでなく、茶器や筆記具などの扱いも意外と見られているものです。

★ 基本の立ち方

① 背筋を伸ばし、耳と肩の位置を合わせる。軽く胸を張る。
② 男女かかわらずかかとをつけ、男性はつま先の間を拳幅を横にひとつ分、女性はつま先の間を拳幅を縦にひとつ分開く。
③ 手は自然な位置に置き、腕は体側に沿わせる。指先は地面に向けて自然に下ろす。

天井から糸でまっすぐ吊られているイメージで！

★ 基本の座り方

① 背筋を伸ばし足を揃えて座る。足は組まない。
② 椅子に背もたれがある場合、基本的にはもたれかからない。
③ 男性の場合、足を開きすぎないようにし、両手は膝の上に。女性は足をきちんと閉じ、両手を軽く重ねて腿の上に置く。

浅く座った状態で。背もたれに寄りかからない！

☑ 気をつけたいNG動作

● **貧乏ゆすり**
貧乏ゆすりは、座った状態で膝を上下に揺らす動作のことを指します。不安定で落ち着きのない印象を与えるため、ビジネスシーンでは避けるようにしましょう。

● **ペン回し**
手に持ったペンを回転させる動作のことです。落としてしまい、相手に迷惑をかけることもあります。癖になってしまっている場合、あえて回しづらいペンを持つのもよいでしょう。

● **あくび**
あくびは眠気や疲れなどが原因で起こる反射的な動作ですが、相手に失礼な印象を与えます。できるだけ控え、どうしても我慢できない場合は深く呼吸をしてみましょう。

挨拶の基本

挨拶はコミュニケーションの第一歩

　人間関係を築くために、挨拶はコミュニケーションの第一歩となります。挨拶ができるかどうかは、社会人としての基本のひとつでもあります。挨拶は、相手に対する敬意を示すだけでなく、相手に自分自身をアピールするための機会でもあります。当たり前の挨拶をきちんとすることで、人間関係の良好なスタートを切ることができます。

☑ 挨拶をするときのポイント

● **心を込める**

相手に対する敬意や好意が伝わるように、挨拶をすることが求められます。ただ単に口だけで挨拶をするのではなく、心の込もった挨拶をするようにしましょう。

● **自主的にする**

相手から挨拶されるまで待つのではなく、自分から率先して挨拶をするようにしましょう。自分から挨拶することで、相手に自分自身をアピールすることができます。

● **相手の目を見る**

相手の目を見て話すことで、相手に対する好意を示すことができます。相手の警戒心を解き、その後のコミュニケーションも円滑に進むことが期待できるでしょう。

● **言葉にする**

会釈だけでも挨拶ですが、やはり明確に「おはようございます」「こんにちは」と言葉にすることで伝わり方が違います。言葉にすることは自分自身も元気にします。

★ 基本的な挨拶のフレーズ

出社	おはようございます
外出	○○へ行ってまいります
見送り	行ってらっしゃいませ
帰社	ただいま戻りました
出迎え	お帰りなさい
承諾	かしこまりました
退社	お疲れさまです／お先に失礼します
お礼	ありがとうございます／恐れ入ります
謝罪	申し訳ございません
入室	失礼いたします
来客の出迎え	いらっしゃいませ

☑ 気持ちのいい返事も大切

● 心を込めた返事

返事をする際には、明るい表情や穏やかなトーンで話すように心がけましょう。相手に「声をかけていただいて嬉しい」という気持ちを持つようにするとよいでしょう。

● 好感を持たれる返事

「最近はいかがですか？」など、現在のこちらの状況を伺う質問に対しては「おかげさまで調子がいいです。ありがとうございます」など、前向きな答えを返しましょう。

● NGな返事

無反応や無愛想な態度をとるのはNGです。たとえ返事をしづらい状況にあったとしても、ほんの十数秒のあいだ手を止め、尊重や感謝の気持ちで返事をします。

理想の挨拶に不可欠

お辞儀のマナー

お辞儀が持つ意味

お辞儀は、相手に敬意を示すためのマナーのひとつです。本来は、相手に対し敵意がないこと、無防備であることを示すための振る舞いでしたが、現代ではお辞儀をすることで、相手と信頼関係を築く意思があることを表明します。お辞儀は日本独自のマナーであり、海外でも注目される文化として知られています。

★「立礼」と「座礼」

お辞儀は2種類あります。立礼は、立った状態でお辞儀をすること。一方座礼は、座っている状態のときにするお辞儀です。どちらも相手に敬意を示します。

- **立礼**
  初対面や目上の方に対しても行われ、ビジネスの場においてはほとんどが立礼です。
- **座礼**
  和室での会食や、茶会の席、剣道などの武道でも用いられます。流派によって細かい所作のマナーが定められている場合があります。

★ 美しいお辞儀をするコツ

美しいお辞儀をするには、いくつかのコツがあります。挨拶をするシチュエーションでお辞儀をする場合、まっすぐに相手の目を見て「よろしくお願いします」と言ったあとにゆっくり頭を下げると、所作が美しく丁寧に見えます。また、お辞儀をする際には、首を前に出すのではなく、腰から上体を前に倒しましょう。相手と目を合わせる必要はなく、床に目線を落とします。相手が自分より目上の場合は、相手が頭を上げるまで、自分も頭を下げておきます。

☑️ 立礼は角度によって種類を使い分ける

● 目礼

お互いに目を合わせたまま、軽く頭だけを下げます。通りすがり、たまたま目が合ったとき、相手が誰かと会話している最中のときなどのカジュアルなシチュエーションで行われます。

● 会釈

日常的な場面での挨拶に使われます。目礼と同じくカジュアルなお辞儀です。腰を浅く曲げて、頭を下げるようにします。厳密なルールはないですが、おおむね15度くらいの角度で行われることが多いです。

● 普通礼

会釈よりも丁寧な挨拶の場で使われます。取引先との商談や挨拶、来客を出迎えるときに使います。腰から体を30度くらいに曲げ、頭を下げます。目線は足元に向けて自然に落とします。

● 丁寧礼

丁寧礼は、最敬礼とも呼ばれフォーマルな場面での挨拶に使われます。腰を普通礼よりもさらに深く曲げ、頭を下げます。45度くらいの角度が一般的です。謝罪や深い感謝の場で用います。

● 拝礼

神社や寺院などの宗教的な場所で使われます。また、企業の謝罪会見など、深く陳謝をする場合に用いられることもあります。腰を90度に曲げて、頭を下げます。目線は床に落とします。

自己紹介のマナー

自己紹介の役割

　自己紹介は、自分自身を知ってもらうための大切な手段です。自己PRをすることで、自分の強みやスキルをアピールしましょう。また、初対面の人に対して安心感を与え、コミュニケーションを円滑にする役割もあります。さらに、自己紹介を通じて話のきっかけをつくり、関心を持ってもらうことができます。自己紹介は、ビジネスの場だけでなく、プライベートでも大切なスキルとなります。

✅ 自己紹介の流れ

① まずは挨拶をしましょう。相手に敬意を示すとともに、良好な関係を築くための第一歩です。

② 所属や氏名を名乗り、自己紹介を始めます。自分の名前を相手に覚えてもらいましょう。

③ 職場において自分がどのような立場で、どのような業務を担当しているかを説明しましょう。

④ 経歴やスキルを説明し、専門性をアピールしましょう。ただし、端的に分かりやすく説明します。

⑤ 関心のある分野を伝え、相手との共通点を探しましょう。話のきっかけをつくることができます。

⑥ 趣味や特技、習慣にしていることなどの仕事以外の話題も、手短に取り混ぜてもよいでしょう。

⑦ 最後に、相手に感謝の気持ちを伝えます。

★ 自己紹介のコツ

自己紹介は、相手に興味を持ってもらうことが重要です。自分の趣味や特技、得意分野などの魅力をアピールすることで、相手に自分を覚えてもらうことができます。ただし、自己のアピールばかりに偏らず、相手の話にも耳を傾けることが大切です。自己紹介は相手とのコミュニケーションを深める機会でもあるため、相手の反応を確認しながら、適切な話題とタイミングを心がけることが大切です。

★ 印象に残る自己紹介をするために

☑ 名前の漢字を説明する

口頭で自己紹介をしたとき、どのような漢字を書くのか分からない場合があります。例えば「私の名前は『あらい』です。『新しいの新に井戸の井』と書きます」といった具合に説明すると、名前を覚えてもらえます。

☑ 名前の由来を話す

自分の名前の由来を話すことで、相手により深く知ってもらうことができますし、会話のきっかけにもなるでしょう。由来についてあらかじめ調べておき、自己紹介の際に話せば、自分の名前を強く印象づけることができます。

☑ 有名人の名前と関連づける

有名人の名前と関連づけることで、印象に残る自己紹介をすることができます。例えば「私の名前は『結衣』といいます。俳優の新垣結衣さんと同じ漢字です」などと説明をすると、親しみを感じてもらえます。

☑ エピソードを交える

自己紹介にはエピソードを交えると、相手に自分のことをより深く知ってもらえます。手短で印象的な話題を選び、自己紹介に盛り込みましょう。1分間で話せる程度のエピソードを、あらかじめまとめておくとよいでしょう。

column　アピールポイントはその場に合わせる

自己紹介では、自分のアピールポイントをうまく伝えることが大切です。しかし、場面によってアピールするポイントは異なります。例えば、ビジネスシーンでは経験やスキルをアピールすることが多いですが、趣味のサークルの場では、趣味に関するアピールをすることが有効です。

敬う気持ちを言葉で表す

敬語の基本

敬語は全方位に使える武器

敬語は相手を敬い、尊重する気持ちを表すための言葉遣いです。ビジネスシーンでのコミュニケーションには欠かせません。正しく使いこなせば、相手との信頼関係を構築することができます。敬語は上下関係がある場面だけでなく、客観的な文章、依頼やお願いなど、幅広いシーンで使用されます。また、プライベートな場面でも、敬語を使うことで相手との距離感を調節することができます。

★ 敬語の種類

☑ 尊敬語

尊敬語は、相手への敬意を示すために用いられます。特にビジネスシーンにおいては、上司や先輩、目上の人、取引先の相手などに対して使用されます。また、公的な場や初対面の場合にも、相手に対して尊敬語を使うことが一般的です。尊敬語の主語は相手となり、代表的な言い回しには、「動詞＋れる、られる」「お＋動詞＋なる」「お＋動詞＋になる」などがあります。

聞く・尋ねる	→	お聞きになる
会う	→	お会いになる
読む	→	お読みになる
来る	→	お越しになる
見る	→	ご覧になる
もらう	→	お受け取りになる

☑ 謙譲語（伺う・申し上げる型）

謙譲語は、自分自身を控えめに表現するために使う言葉です。尊敬語が相手を持ち上げるのに対して、謙譲語は自分がへりくだることにより、相手に「自分が尊敬されている」と感じさせることができます。自分や自分の職場側を低く置き、相手側を高く置くようにします。

行く	→	伺う	あげる	→	差し上げる
会う	→	お目にかかる	見る	→	拝見する

☑ 謙譲語（参る・申す型）

謙譲語には「参る」「申す」などの専用動詞があります。相手に対して改まった表現をすることで、丁重さを示すことができます。謙譲語では、敬語の基本である「ます」などを用いる場合がほとんどです。具体的には「私がそちらへ参ります」といった言い方をするなど、主語は自分となります。

する	→	いたす	知っている	→	存じ上げる
伝える	→	申し伝える	行く・来る	→	参る

☑ 丁寧語

丁寧語は、日常会話やビジネスシーンで最も基本的な敬語です。代表的な丁寧語としては、「ます形」や「です・ます調」があります。例えば「食べる」を丁寧語で表現する場合、「食べます」となります。また「ありがとうございます」という言葉も、丁寧語の一例です。

○○だ	→	○○です
○○する	→	○○します
ありがとう	→	ありがとうございます

☑ 美化語

美化語とは、相手をより立派で尊い存在として扱うための敬語です。例えば「茶」を「お茶」と言ったり「挨拶」を「ご挨拶」と言ったりすることが美化語にあたります。ただし、何にでも美化語を使いすぎると、過剰になります。

住まい	→	お住まい	名前	→	お名前
住所	→	ご住所	氏名	→	ご氏名

★ 実はNG！アルバイト言葉

アルバイトでよく使われる敬語表現には、接客業で使われる独特の言い回しがあります。例えば「こちら定食になります」や「1万円からお預かりします」などの表現は、アルバイト言葉です。

✕「お名前いただけますか?」

敬語としては「お名前をお伺いできますか?」と正しく言うべきです。「いただけますか」は、物をもらうときなどに使う敬語であり、相手に名前を提供してもらう場合には不適切です。

✕「〜になります」

「〜になります」という表現は、変化を表すための言葉です。「こちらカツ丼になります」はよく耳にする言い回しですが、ビジネスや公式の場にはふさわしくありません。

✕「〜から」

「1万円からお預かりします」という表現もよく耳にします。こちらも意味は通じますが正しい言い回しではありません。「1万円をお預かりします」が正しい敬語です。

✕「〜でよろしかったでしょうか?」

「〜でよろしかったでしょうか?」という表現はよく使われますが、本来は過去の行動を意味する日本語です。「〜でよろしいでしょうか?」という表現が適切です。

★ 尊敬語と謙譲語

尊敬語は目上の人を敬うとき、相手を立てたいときに使う表現です。一方、謙譲語は自分を控えめに表現するために使い、相手に対して謙虚であることを示します。

基本の形	尊敬語	謙譲語
する	なさる	いたす
言う	おっしゃる	申す
食べる	召し上がる	いただく
見る	ご覧になる	拝見する
聞く	お聞きになる	伺う

✅ 二重敬語

二重敬語とは、敬語を重ねて使うことです。例えば「お召し上がりになられますか?」という表現は「召し上がる」と「なられる」という2つの敬語が重なり、二重敬語になってしまっています。「お召し上がりになりますか?」が正しい敬語の表現です。二重敬語を使ってしまうと、言葉遣いが冗長になり、相手に不自然かつ過剰な印象を与えてしまいます。「拝読させていただきます」なども、つい言いがちですが「拝読」と「させていただく」の二重敬語です。正しくは「拝読します」となります。敬語が重複しないように気をつけましょう。

✅ 身内敬語

身内敬語は、社内の人間や家族に対して、電話対応などで、不適切な敬語を使ってしまうことを指します。例えば社外からの電話対応で、「部長はいらっしゃいますか?」と尋ねられた場合「はい、部長はいらっしゃいます」と返事をするのは誤りです。身内敬語では、目上の人であっても身内を下げ、外部の人間を上げるようにします。外部の相手と会話をするときには、基本的に社内の人間のことを「田中さん」などとさんづけせず「田中」と呼びます。もちろん、社内同士や家族同士の会話で、目上の人に敬語を使うのは間違いではありません。

「お疲れさま」と「ご苦労さま」

一般的に「お疲れさま」は目上の人に、「ご苦労さま」は上司から部下への場合が多いです。本来は「ご苦労さま」も、目上の人に対して使う言葉でしたが、近年では「ご苦労さま」は目下に対する言葉であるというマナーが広まってしまいました。相手が気を悪くしてしまう可能性もあるので「お疲れさまでした」や「本日はありがとうございました」など、誤解を与えない挨拶が無難です。「お世話さま」も感謝や敬意を表す言葉ですが、目下の人に対する声がけのイメージがあるので「お世話になります」「お世話になりました」と言うほうがよいでしょう。

ホウレンソウの基本

仕事の基本「ホウレンソウ」

ホウレンソウは「報告・連絡・相談」の略で、ビジネスにおける重要項目です。日々の業務で進捗状況や問題点を報告し、連絡をとり、相談しながら進捗を共有しておきましょう。ホウレンソウが欠けたまま業務が進められると、トラブルやミスが生じることがあります。ホウレンソウで円滑なコミュニケーションを図り、業務遂行を目指しましょう。

✅ ホウレンソウで意識するポイント

いつ	どこで
ホウレンソウで意識するポイントのひとつは「いつ」です。その状況が起こった時期や時間を正確に伝えることが重要です。	場所によっては報告内容を誤解されることがあるため、状況の発生場所を所在地や地図で分かりやすく伝える必要があります。
誰が	**何を**
ホウレンソウを行う際には、関係者を正確に把握することが重要です。他部署の関係者、社外の人間など、属性を明確にしておきます。	報告内容を正確かつわかりやすく伝えることが重要です。具体的な数字、現状の問題点など、必要な情報を適切に伝えるようにしましょう。
なぜ	**どのように**
なぜそのような状況に置かれているのか、理由を明確にすることが大切です。原因が分からない場合は誤魔化さずに、わからないと伝えます。	分かりやすく正確に報告しましょう。商談などで成功した場合、あるいは失敗した場合でも、状況のフィードバックは重要です。
どのくらい	**いくら**
例えば、売り上げや生産量などは、具体的な数値で、どの程度の規模かを明確に示すことが重要です。損害の場合も同様に数字を示します。	予算やコストに関する報告も大切です。業務にかかる費用や予算の使い道など、正確な数字を提示します。早期に報告して対策を立てましょう。

★ ホウレンソウのNG例

● 報告するときのNG例
・遅れて報告する
・具体的な数字や事実を省く
・自分のミスや責任を誰かに押し付ける
→報告は上司に正確に伝える。不十分だと損害が出ることもあります。

● 連絡するときのNG例
・不必要に長話をする
・重要な情報を伝える前に世間話や雑談をする
・上司の時間を無駄にする
→相手の時間やスケジュールを尊重し、必要な情報を簡潔に伝える。メールや書面も活用しましょう。

● 相談するときのNG例
・自分で調べたり考えたりせず相談する
・相手の意見を聞かずに自分の意見を押し付ける
・適切なタイミングを計らず相談する
→相手の時間を尊重し、意見やアドバイスを十分に聞き取ることが大切です。

★ 報告と連絡の違い

ホウレンソウにおいて、報告と連絡は重要なポイントですが、両者には明確な違いがあります。報告は、上司や関係者に仕事の状況や進捗、問題点を報告することであり、自分からの情報提供が主な目的です。報告では、自分の状況を正確に伝えることが求められます。一方連絡は、上司や関係者との意思疎通を行うことであり、情報を共有することが主な目的です。連絡では、こちら側の情報伝達だけでなく相手の意見も聞き取ることが大切です。この違いを理解し、適切な情報を正確に伝えることが、円滑な業務遂行には不可欠です。

column　齟齬を回避するテクニック

ビジネスの現場では、意思疎通が不十分であったり、誤解が生じたりすることがあります。回避するテクニックとして、確認作業を徹底する、専門用語などは相手に合わせた表現を用いる、フィードバックを求める、メールや書面などで文章化したものを残しておく、などの対処が有効です。これらを駆使し、相手に伝えたいことを的確に伝えましょう。

09

礼儀をわきまえてスムーズに

ホウレンソウのやり方とマナー

伝え方も大切

報告や連絡をするときには、声のトーンや表情、そして相手の状況などを考慮して伝えることが大切です。伝える内容によっては、メールや電話よりも直接会って話すほうがよい場合もあります。そして、何よりも相手に対して敬意をもって接することが必要です。配慮や思いやりを忘れずに、礼儀正しいコミュニケーションを心がけましょう。

★ 報告するときは事実を正確に伝える

報告するときには、事実を正確に伝えることが求められます。些細な誤解でも情報が間違ったまま伝わってしまうと、トラブルにつながる可能性があります。そのため、報告する前には自分自身が確実に情報を把握しておくことが重要です。話し方の順番としては結論を伝えたあとに、詳細な説明を加えることが望ましいでしょう。

☑ 報告するタイミング

● **「結果」を報告する**

最も重要なのは、報告する「結果」です。上司や関係者は、その結果をもとに次の段取りを決めます。報告の際は、正確な数字やデータを用い、客観的かつ分かりやすく伝えるよう心がけましょう。

● **「経過」を報告する**

「経過」を報告するのは、進捗状況や作業内容を確認するためです。関係者は、その経過を踏まえて計画の修正をすることがあります。具体的な進捗率、状況を正確に伝えるようにしましょう。

● **「トラブル」を報告する**

問題が大きくなることを避けるためにも、トラブルは早めに報告するようにしましょう。原因や影響なども報告することが重要です。落ち着いて事実を伝えるように心がけましょう。

★ 連絡するときのポイント

● **迅速かつ丁寧に伝える**

相手にとっても都合のよい時間帯を確認した上で、できるだけ迅速かつ丁寧に伝えることが大切です。相手が忙しい時間帯に、長々と話をされると迷惑になってしまうことがあるため、適切なタイミングを見計らい、簡潔かつ分かりやすい言葉で伝えるようにしましょう。

● **情報共有は確実な方法で**

例えば、メールやチャットなどの文字でのやりとりであれば、相手が必要な情報をいつでも確認できるため、ミスや誤解を防ぐことができます。また、電話でのやりとりの場合は、通話中にメモをとり、あとで確認することで情報共有がスムーズになります。

● **連絡が伝わっているか確認する**

連絡したことが相手に正確に伝わっていないまま話を進めてしまうと、トラブルやミスの原因になってしまいます。確認をするときには、相手が理解しやすい言葉で再度伝えます。連絡が重複して、しつこくなりすぎないように気をつけましょう。

★ 相談するときのポイント

● **事前に目的や要点をまとめておく**

相手に相談をする際には、どのような目的で相談するのか、どのような要点を話すのかを事前にまとめておくことが重要です。相手に分かりやすく伝えるためにも、要点をまとめておくことで話の筋道が整理され、スムーズに話を進めることができます。

● **答えを求めるのではなく、アドバイスをいただく**

答えを求めるのではなく、相手からアドバイスをいただく姿勢が大切です。アドバイスをもらうことで、相手の経験や知識を借りることができ、自分自身で考えるための力になります。また、相手とのコミュニケーションで自分の考えを整理することもできます。

● **必ずお礼と結果報告をする**

相手に相談をした場合は、必ずお礼と結果報告をすることがマナーです。相手の貴重な時間や知識を借りたという感謝の気持ちを示すことが大切です。また、結果報告をすることで、相手に自分の成長や解決策が見つかったことを報告することができます。

10

わかりやすく、感じよく

話し方の基本

伝わらなければ意味がない

　伝わらなければ意味がない。これはコミュニケーションにおいて基本的な原則です。相手が理解できなければ、どんなに優れた提案でも、意味を持たなくなってしまいます。話し方の基本は「分かりやすさ」です。まず、相手に合わせた言葉遣いを心がけましょう。相手の興味や関心を引くような例え話や具体的な事例を交えることも大切です。

☑ 伝わりやすい話し方のポイント

● **順番**

聞き手が理解しやすいように、伝えたいことの順番を考慮する必要があります。最初に重要なポイントを伝え、その後に補足情報を加えるという順序が分かりやすいです。また、時間の経過や聞き手の関心事によっても話すべき順番は変わってきますので、臨機応変に対応することが大切です。

● **声**

声のトーンやリズムによって、聞き手に与える印象が変わってきます。抑揚をつけ、強調したいところは強く、ゆるやかに伝えたいところはゆっくりと話すなど、声の使い方を調整することが大切です。また、話し方にリズムをつけることで、聞き手が興味を持ちやすくなります。

● **言葉**

話し言葉は、言葉遣いや表現方法によって、聞き手に与える印象が大きく異なります。シンプルで明確な表現を心がけることが重要です。また、具体的な例を交えることでイメージしやすくなり、理解しやすくなります。適切な言葉を選ぶようにしましょう。

● **表情**

表情は、話し手の感情を伝えるとともに、聞き手にとっては伝えてほしいことをより理解できるための手段でもあります。穏やかな表情で話すことで、聞き手に安心感を与え、明るい表情で話すことで、聞き手に前向きな印象を与えることができます。また、適度に身振りや手振りを加えると、より伝わりやすくなります。

★ 好感を持たれる話し方

● 最後まで話して、丁寧に結ぶ

話し方のポイントの中でも、最後の印象は非常に大切です。話し終わる前に急に途切れたり、中途半端に終わってしまうと相手に不快感を与えることもあります。そのため、相手との会話や相談事の際には、話の導入から最後の結末までを順序立ててきちんと話します。最後は相手に感謝の気持ちを伝えるなど、丁寧な結びを心がけましょう。

● クッション言葉をはさむ

話し方において、相手に対する配慮が大切です。そのためには、クッション言葉を上手に使うことが効果的です。クッション言葉とは「ご都合がよろしければ」「恐縮ですが」などの言葉をはさんでから本題に入る方法のことです。また「少し悩んでいることがあるのですが、相談させていただけますか」というような表現もクッション言葉といえるでしょう。

● 間を空けながら落ち着いて話す

話し方の中でも、落ち着いて話すことは非常に大切です。急いで話したり、興奮して話し続けると、相手に不安感を与えたり、話が伝わらなくなることがあります。そのため、話す前に深呼吸をしてリラックスし、話しながら相手の反応を確認しながら進めることが重要です。落ち着くためには、伝えたいことをあらかじめメモしておくのも有効です。

● あとよし言葉を使う

「あとよし言葉」とは、悪いことを先に伝え、その後によいことを伝える話し方のことです。このように順番を入れ替えるだけで、相手が受ける印象が大きく変わるため、効果的なコミュニケーション手法として使われています。例えば、批判的な意見を言う場合も、その後に肯定的な意見や提案を伝えることで、相手の意見を取り入れやすくなります。

---

 column

「すみません」より「ありがとう」

「すみません」という言葉は、感謝するときにも使われますが、「ありがとう」という言葉を使うほうが相手に好感を与えます。感謝の言葉を使うことによって、相手との関係性を良好に保つことができます。ただし「ありがとう」よりも「すみません」のほうが望ましい場合もあります。もちろん、謝罪をするときには「すみません」を使うようにしましょう。

言葉選びのマナー

言葉選びの大切さ

　コミュニケーションにおいて、適切な言葉選びはとても大切です。相手に誤解を与えたり、傷つけることがないように気をつけましょう。例えば、謝罪の場面で「ごめんなさい」の言葉より「申し訳ありません」と言うと、相手に真摯な謝罪の気持ちが伝わります。また、相手が悩んでいるときには「あなたの気持ちは分かります」と理解を示す言葉をかけることで、相手に寄り添うことができます。

★ 文法の正しさよりも相手の気持ちを大切に

正しい文法よりも相手の気持ちを尊重することが重要です。会話や文章で使う言葉は、相手が理解しやすく、自分自身の意図を正確に伝えることができる言葉を選ぶ必要があります。また、相手が聞きたいことに的確に答えることも大切ですし、不快な言葉や表現を避けることも必要です。例えば、冗談でも相手にとって不適切な言葉は避けるべきです。さらに、相手が誤った言葉や表現を使った場合、必ずしも指摘する必要はありません。相手の気持ちを考慮し、丁寧に説明をします。言葉選びを通じて相手との信頼関係を築きましょう。

★ 前向きな言葉を選ぼう

言葉には大きな力があります。前向きな言葉は相手の心を明るくし、後ろ向きな言葉は相手を落胆させてしまいます。そのため、対話においては前向きな言葉を選ぶことが重要です。例えば、「できない」と言うよりも「できる方法を考えてみましょう」と言うほうが、相手に対して希望や励ましを与えることができます。相手に対して前向きな印象を与えましょう。

★ 上から目線にならないように

言葉選びによっては、上から目線になってしまうことがあります。相手とのコミュニケーションを円滑に進めるためには、指示を出す際に適切な言葉を使い、相手の立場に立って話すことも大切です。自分の意見を述べる際には「私はこう思いますが、あなたはどうですか？」といった形で、相手の意見も尊重しながら話し合いを進めることが望ましいでしょう。相手に対して上から目線になることを避け、良好なコミュニケーションを築くことができます。

私はA案のほうがいいと考えていますが、ご意見を伺いたいです。

★ 命令形は依頼型や伺い型に変える

上司や目上の人に対して頼み事をする場合はもちろん、同僚や部下に指示を出す場合にも、命令形の言葉を選ぶと相手に威圧的な印象を与えてしまいます。コミュニケーションを円滑にするために、依頼型や伺い型の言葉選びをすることが大切です。「お願いできますか？」や「ご協力いただけますか？」などの柔らかい言葉を選び、相手に対して敬意を払いつつ依頼する表現を使うことで、相手からの協力を得やすくなります。

お手数ですが、確認していただけますでしょうか？

column　若者言葉に気をつけよう

若者言葉とは、若年層の間で使われる俗語やスラングのことであり、社会人同士で使う言葉とは異なる表現を持っています。若者言葉を使うことで、若者同士のコミュニケーションが円滑になる場合もありますが、相手によっては不適切な表現と受け取られます。特にビジネスシーンでは、基本的に若者言葉の使用は控えるべきです。ただし、完全に避ける必要はありません。状況によっては、若者言葉を使うことが適切な場合もあります。上司など目上の人が若者言葉を知りたがった場合には、教えてあげると喜ばれます。

12

話し上手は聞き上手

聞き方の基本

聞くことの大切さ

　よいコミュニケーションには、話すことだけでなく、聞くことも欠かせません。聞き上手とは、相手の話をよく聞き、理解し、共感することができる人のことです。聞き上手になるためには、相手の話に耳を傾ける姿勢を持ち、相手の話を中断することなく、最後まで聞くことが大切です。また、相手の話にうなずいたり、共感を示すことで、相手が話しやすくなり、信頼関係が築けます。

☑聞き上手になる4つのポイント

● **視線**

聞き手の視線は話し手に向けましょう。話し手に対して目線を合わせることで、相手に対する関心やリスペクトを示すことができます。適宜耳や鼻を見るなど、少しだけ視線をずらしても大丈夫です。

● **話を遮らない**

聞き手は、話し手が話をしている途中で話を遮らないように気をつけることが重要です。話し手が話を終えるまで静かに聞くことで、相手に尊敬の念を示すことができます。あとで質問ができるよう、話を聞きながら簡単なメモをとっておくことも有効です。相手の話を遮ることがないように注意しましょう。

● **表情・態度**

聞き手の表情や態度も、話し手に伝わる情報の一種です。相手が話をしているときに、目をそらさずに笑顔で聞くことで、話し手に自信を与えることができます。うつむいたり、興味のなさそうなそぶりで聞くのはNGです。また、相手が話しやすいようにリラックスした雰囲気をつくることも大切です。

● **うなずき・相槌**

うなずきや「なるほど」「そうですね」などの相槌を上手に使うことで、話し手に興味を持って聞いていることを示すことができます。ただし、適度に使うことが重要です。

★ 聞くときは正確さも大切

ただ耳を傾けるだけでは、聞き上手とは言えません。重要な情報や意味が曖昧な部分がある場合には、メモをとることで情報の正確性を確認しましょう。また、相手の表情や態度などから、裏に隠れた気持ちや意図を察することも必要です。質問を通じて相手が何を求めているのか、何が重要なのかを明確にしましょう。ただし、過度な追求は相手を不快にさせることもあるので、相手の気持ちに配慮しながら、適切な質問をするようにしましょう。聞き上手になることで、相手との信頼関係を構築できるでしょう。

☑ うなずき・相槌のポイント

● **うなずき**

うなずきは共感を示すことが大切です。適当にうなずくのではなく、相手が話しているタイミングでうなずきましょう。相手が重要なことを話しているときにうなずくことで、相手に対する共感を示し、自分自身も相手の話をより深く理解することができます。

● **相槌**

相槌は、基本的に相手が話をしているときに「はい」「そうですね」などの言葉を返すことです。相槌には同情や同意、感心など、相手に対しての感情を示す意図もあります。相手の話をしっかりと聞き、自分自身の気持ちに合わせて適切な相槌を使います。

大きすぎるリアクションはNG

相手の話にうなずいたり、相槌を打ったりすることは大切ですが、大きすぎるリアクションはNGです。例えば、相手がちょっとしたことを話しただけで、驚きや感動を示すような大げさなリアクションをすると、相手を困惑させたり、場が白けたりすることがあります。相手の話を遮って、自分の意見を披露するのもNGです。相手の話をしっかりと聞き、話題に応じて適切なリアクションをとりましょう。

13

上手に活用しよう

メモのとり方

メモをとることを習慣にする

　メモをとることを習慣にしましょう。スマートフォンに専用のアプリを入れることもできますが、紙に書いたほうが記憶に残りやすいという研究結果もあります。自分に合った方法を見つけましょう。メモはただ書き留めるだけでは、あとで見直すことができなかったり、何を書いたのか分からなくなってしまうこともあります。自分が必要とする情報や、あとで確認したいポイントをあらかじめ明確にしておきましょう。

★ メモをとることで期待できる効果

● **相手に真剣さをアピールできる**

　メモをとることで、真剣に聞いている姿勢をアピールすることができます。例えば、会議や講演でメモをとりながら話を聞く態度は、相手に対するリスペクトの表れでもあります。走り書き程度のメモだとしても、メモをとることで話の内容を一望できます。ただし、メモに集中しすぎて相手の話を聞くことがおろそかにならないように、気をつけましょう。

● **情報を手元に残せる**

　メモをとることで、話の内容や重要な情報を手元に残すことができます。会議や講演などの場では、議事録やメモを残すことで、あとから再度確認することができます。また、自分自身が話をする際にも、メモを手元に置いておくことで、話の内容を忘れにくくなります。

★ 上手なメモのとり方

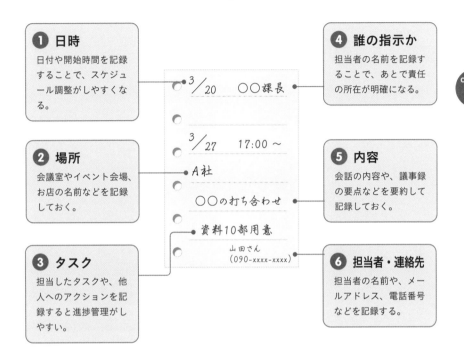

❶ 日時

日付や開始時間を記録することで、スケジュール調整がしやすくなる。

❷ 場所

会議室やイベント会場、お店の名前などを記録しておく。

❸ タスク

担当したタスクや、他人へのアクションを記録すると進捗管理がしやすい。

❹ 誰の指示か

担当者の名前を記録することで、あとで責任の所在が明確になる。

❺ 内容

会話の内容や、議事録の要点などを要約して記録しておく。

❻ 担当者・連絡先

担当者の名前や、メールアドレス、電話番号などを記録する。

（メモ内）
3／20　　○○課長

3／27　　17:00 ～

A社

○○の打ち合わせ

資料10部用意

山田さん
(090-xxxx-xxxx)

✅ メモをとるときのポイント

● **重要箇所を目立たせる**

太字や下線、色の違うペンを使うといった方法があります。ただし、目立たせることに集中しすぎて、メモをとる作業が遅くなってしまわないように注意しましょう。

● **数字は特に正確に**

メモをとるときに数字が出てくる場合は、正確に書き、再確認しましょう。数字を書き間違えるとあとで困ることになります。日付や時間なども正確に書き込みます。

● **終わったら印をつける**

タスクなどには、終わったら印をつけるとあとで見返すときに便利です。チェックマークをつける、取り消し線を引くなど、自分が分かりやすい方法を使いましょう。

● **メモ帳はたくさん持たない**

複数のメモ帳を持つと、どれに何を書いたか分からなくなってしまうことがあります。できるだけ一冊のメモ帳にまとめることをおすすめします。

14 短時間でより多くの情報を

質問する力を身につける

質問することの重要性

　質問は、相手から情報を引き出すための重要な手段です。自分自身が持つ情報だけでなく、相手の知識や考え方を聞くことで、多角的な視点から情報が得られます。ただ質問をするだけではなく、どのような質問をするのか、タイミングなども重要になります。質問力を身につけることで、短時間でより多くの情報を得ることができるようになります。

★ 質問がもたらす効果

● **分からないことを教えてもらえる**
質問をすることで、自分が理解できていない部分やまだ知らない分野のことを、相手に教えてもらうことができます。それにより、自分の知識の欠けている部分を埋めることができ、幅広い知識を身につけることができます。

● **確認ができて正確性が増す**
相手からの回答によって、自分が理解している内容が正しいのかどうかを確認できます。これにより、誤解を防ぎ、正確性が高まります。また、質問を通じて相手の意見や考え方を知ることができるため、より深い理解を得ることもできます。

● **相手への興味や関心をアピールできる**
相手が興味を持っている話題について聞くことで、相手への興味や関心をアピールできます。また、相手の思考や価値観を知り、話したいことや重要な点を理解することができ、適切なアドバイスや支援をすることも可能です。

● **話のきっかけになる**
質問をすることで、話のきっかけをつくることができます。相手が話したいことや興味のあることを引き出し、より深いコミュニケーションがとれるようになります。また、話題がないときに質問をすると、新しい話題が生まれることもあります。

☑️ 2種類の質問

● クローズドクエスチョン

クローズドクエスチョンは、相手に「はい」か「いいえ」で答えてもらうことができる簡潔な質問のことを指します。例えば「今日は晴れていますか？」などが挙げられます。この種類の質問は、状況の事実を確認するために最適であり、はっきりとした答えを求める場合にも適しています。しかし、クローズドクエスチョンを多用すると、相手に対して尋問のような態度になってしまうために、オープンクエスチョンと適切に使い分けることが大切です。

では、午前中と午後ではどちらがよろしいですか？

● オープンクエスチョン

オープンクエスチョンは、答えが複数ある、または自由な答えがある質問です。例えば、「どう思いますか？」などが挙げられます。この種類の質問は、相手に自分の考えや意見を述べさせることができるため、コミュニケーションを深めることができます。また、自分自身も相手の考え方を知ることができるため、相手からより多くの情報を引き出すことができます。ただし、あまりにも漠然としたテーマについて質問すると、相手が混乱することもあります。

この提案について、どう思いますか？

---

column

質問をする前に

質問する前には相手に時間があるかどうか気遣うことが大切です。まずは、インターネットや書籍、過去の書類やリファレンスなどの資料などから情報を収集し、自分で解決できることは自分で解決しましょう。相手がどのような状況にあるか、どのような知識や経験を持っているかによって、質問の仕方が異なってくる場合があります。相手の立場に立って適切な質問を考え、負担をかけずに情報を収集しましょう。質問の仕方ひとつで相手からの信頼を得ることができます。より効果的な返答をもらうことができ、よい結果につながります。

15 良好な人間関係を築く

上司・同僚とのコミュニケーション

社内コミュニケーションも大切に

社内でのコミュニケーションは、職場の雰囲気に大きな影響を与えます。上司や同僚との関わりが円滑であれば、業務の効率化につながります。相手を尊重し、マナーを守ることが大切です。また、聞き上手になることで相手に対する信頼感を生むことができます。意見交換を積極的に行い、適度な距離感を保ちつつ、信頼関係を築きましょう。

★ 常に周囲に気を配る

良好な人間関係を築くためには、常に周囲に気を配ることが大切です。例えば、会話中に相手の言葉を聞き逃さず、自分の意見を言う前に相手の立場を考えます。また、タイミングを見計らうことも重要です。上司が忙しそうなときは、その都度直接話しかけるよりも、あらかじめメールやチャットなどで連絡をとっておいて、相手にとって迷惑や負担にならないようにしましょう。

☑ 上司とのコミュニケーション

● **積極的にコミュニケーションをとる**

上司との距離を縮めるためには、積極的なコミュニケーションが重要です。週報や社内チャットなどでこまめな報告をして、上司との接触機会を増やすことができます。

● **自分のことも知ってもらう**

上司があなたのことを知っているかどうかは、コミュニケーションの質に大きく関わってきます。雑談などで、自分のことをアピールする機会をつくりましょう。

● **世代や立場の違いを理解する**

世代や立場の違いによる考え方の違いにも注意。例えば、若いころデジタル機器に接する機会がなかった人もいます。相手の立場に立って考えましょう。

★ 上司に叱られたとき

仕事中、上司から叱られることは誰にでも経験があるでしょう。その際には、まず自分のミスや不備を反省し、叱られた理由をしっかりと把握することが重要です。

その後、上司に対して謝罪し、今後同じミスを繰り返さないためにどのように改善するかを提案します。ただし、叱られることに対して落ち込むのは避けるべきです。上司が厳しい理由は、部下の成長を促すためであることが多いからです。また、叱られることは成長の機会でもあります。叱られたことを前向きにとらえ、自分自身の成長につなげましょう。

✓ 同僚とのコミュニケーション

● 平等に接する

同僚との関係構築のため、誰に対しても平等に接することが大切です。特定の人を優遇したり、偏った態度をとることは、職場の不和を生み出すことになります。また、自分と違う考え方や意見を持つ人に対しても、寛容な態度で接することが必要です。

● 親しき仲にも礼儀あり

同僚と親密な関係になったからといって、礼儀を忘れたり、社内でプライベートの話ばかりするのは避けるべきです。職場でのマナーは守り、仕事に集中しましょう。

SNSでのコミュニケーションは必要？

SNSは便利なツールですが、相手の表情や声色が分からないため、誤解やトラブルが生じることもあります。また、SNS上での発言はいつまでも残るため、慎重に行うことが必要です。必要以上に個人情報を晒したり、誹謗中傷することは避けましょう。

16 人脈づくりのチャンス

社外の人とのコミュニケーション

自分が会社の代表であることを忘れない

　社外の人との交流は、会社のイメージをアピールするチャンスでもあります。自分が会社の代表であることを忘れずに、丁寧な言葉遣いやマナーを意識することが大切です。さらに、社外のイベントやボランティア活動に参加することで、異なる業種の人々との出会いや交流を通じ、新たな人脈を広げることもできます。積極的にコミュニケーションをとり、自分と会社の魅力をアピールしましょう。

☑ 社外の人とのコミュニケーションのポイント

● **おもてなしの心を持つ**

　社外の人を迎える場合は、おもてなしの心を持って対応することが大切です。会食ならば、相手の世代や好みに合わせたものを、社内に招く場合にはお茶や、場合によっては軽食などを用意して、相手を気持ちよく迎えるようにしましょう。丁寧で礼儀正しい態度を心がけます。

● **礼儀をわきまえ失礼のないようにする**

　社外の人とのコミュニケーションでは、失礼のないように注意しましょう。基本的なマナーを守り、相手に対して敬意を持って接することが大切です。また、相手の立場や肩書に応じた敬語を使うことも大切です。相手に会うときの服装も、場にふさわしいかどうかを確認します。

● **社外コミュニケーションにもICTツールを活用する**

　ICTとは Information and Communication Technology の略語で、人と人がコンピューターを用いて通信する技術のことです。社外の人とも会食や直接会って話すだけでなく、メールやビデオ通話などのICTツールを、コミュニケーションにも活用していきましょう。

✅ 社外の人と深い関係を築くために

● 相手のことをリサーチしておく

社外の人とよい関係を築くためには、事前に相手の経歴や趣味、関心事などをリサーチしておくことがおすすめです。その情報をもとに、共通の話題を見つけたり、相手の話に興味を持って聞くことができます。また、相手の社会的な立場や文化的背景にも配慮しましょう。

● 世間話をする

日常的な世間話も大切です。ビジネスの話ばかりではなく、趣味や家族、旅行など、軽い話題から始めてみるとよいでしょう。ただし、相手が話したがらない話題や、デリケートな話題は避けるようにしましょう。また、自分が話す内容も、相手の立場や状況に合わせて調整します。

★ 面会後の対応で差をつける

社外の人との面会が終わったら、その後の対応も重要です。まずは、面会の感想を自分なりにまとめて、自分が話したいことや相手に伝えたいことがあれば、メールや手紙などで追加で伝えておきます。また、相手が提供してくれた情報やアドバイスを自分なりに整理し、自分がどのように活かせるかを考えます。今後、相手に会う機会があれば、前回の面会で話した内容に触れたり、話題に出てきた物事をチェックしたことを伝えるとよいでしょう。

社外の人の前で名前を呼ぶとき

●上司を呼ぶとき
社内で上司を呼ぶときは、敬意を表すために「山田部長」「山田さん」と呼ぶことが一般的ですが、社外の人の前では上司のことを「山田」と敬称を省いて呼ぶようにします。ただし、外部の人が同席していても、上司に直接呼びかける場合は、敬称をつけてもよいでしょう。

●その他の呼び方
社外の人の前では「弊社」「御社」といった表現が使われます。「御社」は相手の会社に敬意を表すための言葉であり「弊社」は自分の会社をへりくだるときの言い方です。「当社」という表現もありますが、より相手に敬意を示したい場合は「弊社」を使うほうが適切です。

17 会社のイメージを左右する

社内での接客マナー

丁寧で気持ちのいい接客が大切

　接客マナーは、会社のイメージを左右する重要な要素です。明るく、迅速に正確に、かつ丁寧に接客することが大切です。電話応対では顔が見えないため、言葉遣いや声のトーンも重要です。また、来客者には丁寧に出迎え、案内し、対応することが求められます。会社の顔であることを一人ひとりが意識し、イメージを守ることが大切です。

☑ 受付をするときの流れ

① お客様が来訪されたら、まずは用件を聞きます。用件を聞くことで、どの部署や担当者に案内するかを確認します。

② アポイントメントがある場合は、担当者につなぎます。また、アポイントメントがない場合は、担当者に連絡をとり、対応を確認します。

③ 担当者の在席を確認し、お客様を会議室などに案内します。お客様が待つ時間が発生する場合は、快適に過ごせるよう配慮します。

④ お客様を担当者のもとに案内する際には、明るく丁寧な対応を心がけます。また、案内が終わったあとにも、お客様が帰るまで丁寧に対応します。

☑ ご案内のポイント

● **廊下の場合**

　受付では、明るく丁寧に挨拶をし、目的地までの道のりを簡潔かつ明確に伝えます。小規模な会議や打ち合わせの場合は、案内者が一緒に移動することが一般的です。案内者は来客者より少し斜め前を歩きます。完全に振り返らなくても、来客者の顔が見える位置を歩きましょう。

☑️ 階段の場合

- 上りの場合は来客者の後ろを歩きます。
- 下りの場合は来客者の前を歩きます。
- 案内役は来客者より高い位置に立たないようにします。

☑️ エスカレーターの場合

- 階段と同様、来客者よりも低い段に立ちます。
- 相手が先に行ってしまった場合は無理に追い抜きません。

☑️ エレベーターの場合

① 案内者が先にエレベーターに乗り込み、開くボタンを押して来客者が入ってくるのを待ちます。1対1の場合は、来客者に先に乗っていただきます。

② 案内者が行き先階のボタンを押し、降りる場合には来客者を先にエレベーターから降ろします。

③ 行き先階まで同行しない場合は、エレベーターの外側でお辞儀をして扉が閉じるのを待ちましょう。

☑️ お茶出しの流れ

① 急須と茶葉で緑茶を淹れるのが正しい接客のマナーです。ただし、最近はペットボトルのお茶で対応する場合も多くあります。

② 茶托は重ねた状態で盆に置き、湯呑はお茶を注いだ状態で盆に乗せます。また、客席には急須を運ばないのがマナーです。

③ サイドテーブルか、客席の下座側に盆を置き、盆の上で茶托をセットします。盆が狭い場合には、一旦テーブルの端に置いても大丈夫です。

④ 客席の上座側（出入り口から遠い側）からお茶を出します。来客者の後方から回り込み、両手で茶托を持って「失礼いたします」と声をかけながらお茶を置きましょう。基本的には来客者の右側に置きます。

⑤ お茶を出し終わったら来客者に挨拶をし退室します。空いた盆は、男性ならば片方の脇に抱えるように、女性ならば両手で前側に持ちます。

プライベートでの付き合い方

プライベートでの付き合いは必要？

　職場の人とのプライベートでの付き合いが必要かどうかには、個人差があります。ただし、親しくなった人に対して、仕事での冷静な判断をすることが難しくなるかもしれません。そのため、プライベートと仕事の線引きを明確にすることが大切です。職場内では、仕事の話題を中心にするなど、プライベートな話題を控えることが望ましいでしょう。

☑ プライベートな付き合いのメリット・デメリット

● **メリット**
　職場の相手との信頼関係が深まり、仕事においても気軽に相談できる場合があります。

● **デメリット**
　仕事とプライベートの線引きが曖昧になり、トラブルがあった場合に、仕事上に影響が及びます。

★ 同僚との付き合い方

同僚とは毎日一緒に仕事をする仲間ですが、気が合うことがあり、プライベートで親しくなる可能性もあります。適度にプライベートで交流することも悪くないでしょう。お互いの趣味や興味を共有し、気軽に話せる雰囲気をつくることで、職場の雰囲気づくりやストレス解消にもつながります。また、プライベートな付き合いは無理強いしないことが大切です。適切な距離感を保ちつつ、職場でもプライベートでも交流を深めていきましょう。

★ 上司との付き合い方

上司との付き合いは、社内の人間関係を良好に保つために重要です。上司の好みや
嗜好を知り、適度に交流を持つことが大切です。プライベートでの付き合いが有益
な場合もありますが、上司のプライバシーには配慮し、無理強いをしないように注
意しましょう。また、上司に飲み会やレジャーへの同
行を誘われた場合、無理のない範囲でお付き合いする
のがよいでしょう。ただし、度を越したコミュニケー
ションには毅然とした態度で断り、自分の意思を上司
に伝えることが大切です。自分自身が責任をもって行
動しましょう。

★ 社外の人との付き合い方

ビジネスシーンでは相手と適切な距離感を考え、プライベートな話題は避けるよう
にします。ただし、社外の人と趣味などが一致し、ビジネスの場以外でも会うよう
になってしまう場合もあります。プライベートでの交流では、相手との距離感が近
くなり、自分自身や相手のプライベートな話題も出てくる可能性もありますが、公
私の区別はきちんとつけるようにしましょう。個人的な場での話題は、職場に持ち
込まないようにします。社内の人に対して、相手のプライベートな情報を漏らして
しまうと、相手との信頼関係を壊す可能性があります。

☑ 対応に困るケース

● スケジュールが空いていない場合

飲み会やレジャーへの同行を求められた場合、スケジュールが空いていないとき
もあります。この場合は、謝罪とともに別の日程を提案するとよいでしょう。相
手が立場を利用して、都合に合わせるように求めてくる場合は、毅然とした態度
で自分の意見を伝えましょう。

● 無礼講と言われた場合

無礼講と言われた場合、相手は自由な雰囲気で楽しむことを求めています。ただ
し、飲みすぎや迷惑行為は避けなければなりません。また、無礼講という言葉に
頼りすぎて、距離感を間違えると相手を不快にさせてしまいます。自分の立場や
常識を忘れないようにしましょう。

副業・複業のススメ

これからの時代は副業で収入をフォロー

2018年に厚生労働省の「就業規則モデル」が変わり、就業規則から「副業禁止」の原則がなくなりました。昨今はセカンドキャリアのために本業以外の仕事に就く人が増えています。リモートワークの普及で通勤時間が少なくなったことで、余暇を使って副業をがんばろうという意識も高まっています。

副業におすすめなのは、自宅でもパソコンがあればできる仕事です。プログラミングなどはその代表格になります。また、Web制作や動画作成などもニーズが多い業務になっています。

アフィリエイトやネットでの物販も自由度が高く、人気の副業ですが、長期的なまめさと根気が問われます。地道にコツコツやるのが得意な人にはいいでしょう。

あくまで副業は本業ありきのものになるため、副業は本業への影響を考えて仕事を選びましょう。

副業をはじめるときの注意点

1.時間を切り売りする仕事は避ける

時給でいくらになる、という仕事や、体力任せの仕事は本業に影響を与えやすいので避けましょう。副業で疲れ果て、本業を休むのは本末転倒です。

2.本業と同じ分野の仕事は避ける

同業か隣接する業務は倫理的にも守秘義務的にもリスクが大きいので避けます。そもそも本業と似た仕事ではスキルアップの効果も見込めません。

3.年収が20万円（税込）を超えたら確定申告が必要

副業の所得金額が年間20万円（税込）を超えると、確定申告が必要です。その場合、税務的に勤め先に知られるので、副業禁止の会社では難しくなります。

4.勤め先の就業規則に従う

多くの企業で副業禁止を撤回している時代ですが、すべてではありません。こっそり副業をしてもストレスやトラブルを招く恐れがあります。

5.勤め先の就業時間には副業に関する業務をしない

就業時間はその業務に専念する義務があります。リモートワークでも本業そっちのけでの内職は明らかに服務規程違反。けじめはつけましょう。

会議のマナー

組織の一員として仕事に取り組んでいく上で、また、顧客と商談をする上でも会議は重要な場面です。基本的なマナーを押さえつつ、参画意識をもって会議に臨みましょう。令和時代ではオンラインで行われることも増えましたが、基本は同じです。

01

時間を大切に使う

打ち合わせ・会議のコツ

相手の時間を使っていることを常に意識する

　打ち合わせや会議は、お互いの貴重な時間を持ち寄って開催するものです。自分の時間だけでなく、相手の時間を消費していることを常に意識して、無駄遣いしたと思わせないようにすることが大事です。そのためには、入念な準備と、無駄のない進行、そして終わる時間を守るということが必要になります。

★ 準備のない打ち合わせや会議は意味がない

あなたが会議や打ち合わせを開催する側であれば、そこに入念な準備があるかないかで、会議の成果も左右されます。資料作成はもちろんですが、参加者全員への「おもてなし」の気持ちを忘れずにしっかり態勢を整えましょう。

☑ 会議準備の鉄則

- 会議の通知は遅くとも1週間前に送る
- 会議の前日にはリマインドメールも送る
- 会議の想定所要時間を周知する
- 進行表（アジェンダ→P278）を作り、議題を提示する
- 進行表（アジェンダ）の冒頭には「日時」「場所」「参加者」も明記する
- 当日配布の進行表および会議資料は予備を作っておく
- 会議資料を3日前に共有できるとなおよい（暫定版でもよい）
- 会場（会議室）までの動線は事前に確認しておく
- オンライン会議の場合、ネットワーク環境やパソコン、マイク、スピーカー、カメラなどの作動確認を行う

★ 会議の目的を冒頭で明示するとよい

会議の冒頭では、この会議の目的が何で、どの事案について、どのような結論まで導けたら成功したことになるのか、司会者が明示することが大事です。内容について合意できたらよいのか、予算や期日までしっかり決めたいのか、会議の目的をはっきりと理解してもらいましょう。

★ 余談から生まれるビジネスもある

会議には脱線は付きものです。どうしても余談を挟むタイプの参加者はいて、会議の進行を妨げているように見えることはありますが、これを頭ごなしに排除するのは得策ではありません。一見関係ない話に思えても、根っこのところでは課題が共通していて、今の本来の議題の解決のヒントにつながる可能性もあるからです。

明らかに関係ない雑談はともかく、あまり進行表の流れにこだわりすぎず、ある程度の幅やゆとりをもたせて会議を進めるとよいでしょう。意外に想定外の新しいビジネスが生まれることもあるのです。

★ 時間は厳守して切り上げる

日本人は時間厳守とよく言われますが、これは開始時間に限ったことで、終了する時間についてはけっこうルーズな場合もあります。普段から終わりのはっきりしない会議をしていると、議論の落とし所もルーズになりがちです。

進行表で示した終了時間や所要時間は厳守して、定刻が近づいてきたら司会者がその旨を宣言して切り上げ、その会議の結論を整理するようにしましょう。結論の出ていない問題が残った場合は、次回会議でその件について話すことにします。延長するにしても時間は決めて、再延長は厳禁とするのがよいでしょう。

02

目的をはっきりさせる

面談のマナー（1対1）

面談の目的を常に意識して望む

入社時の面接を除けば、企業で1対1での面談をするのは、ほとんどは業務や勤務状況の報告などですが、長く働いていると結婚や病気などプライベートに関する相談をすることもあります。また、社内の人間関係のトラブルの相談などもあるでしょう。いずれにしても、何について相談をするのか、目的をはっきりさせて面談をするのが大事です。

★ 雑談に流れないように本題を明確にしておく

1対1だとつい雑談がはずんでしまうことがありますが、お互い貴重な時間を割いていることを忘れないようにしましょう。内容によりますが、30分〜1時間くらいが目安です。また、面談では本題を明確にするのが重要です。

☑ 面談で準備すべきこと

- 聞くべきこと、話すべきことをリストにする
- なんのための面談なのか明示する
- 面談の所要時間は決めておく
- 開始時に面談後の予定があるか確認する
- 内容によっては記録する

★ 話を聞いてもらう側の場合

上司や同僚に面談で話を聞いてもらう場合、やはり相手の時間を使っていることは意識して、あまり遠回しな話をするのは避けましょう。まず、どんな内容についての相談なのかは最初に伝える必要があります。その上で、相手は話を聞く立場にあるのか、誰かほかに呼ぶべきなのか判断できるからです。

結婚や疾病、家族のことなど業務に影響がある内容ならかまいませんが、純粋にプライベートの相談は業務時間外にしましょう。

★ 話を聞く側の場合

上司から業務上の面談であると言われた場合はかまいませんが、先輩や同僚などからそうでない面談を持ちかけられた場合は、まず何の件なのか聞いておきましょう。内容によっては聞くべきでないと判断することもあります。

秘匿性の高い相談の場合は難しいですが、なるべくオープンスペースで面談することも、持ちかけられた場合のマナーとしては念頭に置いておきましょう。

★ 映像または音声の記録は取っておくのがベター

業務上の報告などの一般的な面談であれば、そこまでの必要はないですが、職場の人間関係のトラブルに関する相談や叱責を受ける場合など、慎重な取り扱いが必要と思われる場合は、映像の録画や音声の録音など記録を取っておくことが大事です。この場合、同意を取っておくことがのちのトラブルにもつながらず、記録されていると分かれば抑止力も働きます。記録すること自体がトラブルの種にもなりますが、これからの時代は、叱責する側や相談を持ちかける側が、自衛のために記録を持ちかけるように習慣づけてもよいでしょう。

評価面談に臨む際のポイント

評価面談などでは、事前に自己評価を考えておきましょう。伝えたいことを事前にまとめておき、どんな質問をされるかも想定します。これまでの評価だけでなく、今後の行動指針についても話し合う場でもあります。自分が挑戦してみたいことなどを伝えることで、上司からアドバイスを得られることもあるでしょう。

03

大人数の会や会議のマナー

自分の立ち位置を正しく理解して振る舞う

　大人数の会議となると、相互に話し合いをするというよりは、事前に決まった内容のものを発表したり、講演を拝聴したりというものが多くなります。若いうちは聞くだけのことが多いですが、いずれは運営側にまわったり、登壇者となったりすることもあります。普段から人の動きをよく観察して、どのような立場になっても、正しく振る舞えるよう備えましょう。

★ 参加する側の場合

聴衆として大きな会議に参加する場合に必要なのは「聞く姿勢」です。興味のある会議ばかりではないですが、きちんと聞いてみると新たな発見があることは少なくありません。そういう意味でも正しいマナーで拝聴することは自分のためでもあります。録画・録音が可能か、パソコンでメモを取っていいかなどは事前に運営側に問い合わせておきましょう。

☑ 参加者として注意するマナー

- 録画・録音が可能か事前に確認しておく
- 資料はできるだけ事前に目を通しておく
- 登壇者のプロフィールは把握しておく
- 質問は簡潔に。重複は絶対NG
- 体調を崩したときは、静かにそっと離席する

★ 司会・会場係など運営に携わる場合

司会や運営に携わる場合、最も重要なのは参加者、登壇者双方に気を配ることです。登壇者は来賓であるので当然配慮しますが、参加者もお客様であると考えて、細かいところまで気遣いを欠かさないようにします。会議などのイベントでは、突発的なトラブルがつきものです。早め早めに行動して、常にゆとりのある状態を保ちましょう。

☑ 運営サイドとして注意するマナー

- 開始時間の1時間前には入場可能にする
- 資料は席分より多めに用意する
- 開始後、遅れて到着する方への配慮をする
- 体調を崩すなど途中退席する方の配慮をする
- 借りている会場であれば、現状復帰を完璧に

★ 登壇者・発言者の場合

いずれは、会議で講演を行ったりプレゼンをしたりすることもあるでしょう。多くの人は多忙ななかを縫って準備をし、時間をつくって登壇することになります。準備は早めに、突発的なトラブルに対応する余裕を常に保って望みましょう。会議などで多くの人が集まる場は、新たな縁をつなぐチャンスでもあります。終わり次第すぐに帰るよりも、少し余韻を残して、チャンスを逃さないように心がけるとよい結果が得られます。

☑ 発言者として注意するマナー

- 当日使用する資料はできるだけ早く運営に提出
- 当日は複数の交通手段を考えておく
- 会場でのリハーサルは短時間でもやっておく
- 質問時間はできるだけ確保する
- 閉会後、挨拶ができる時間的なゆとりを持っておく

オンライン会議のマナー

遠隔だからこそ相手の立場で考えて臨む

　新型コロナウイルス感染症の感染予防の観点から、多くの企業でオンライン会議が始まり、一般的になりました。ソフトウェアやハードウェアの進化で使い勝手は変わっていきますが、お互い尊重して快適な会議ができるように努めるという基本は変わりません。自分がどう見えているかを意識して、オンライン会議に臨みましょう。P206以降で、具体的なやり方についての解説もしています。

★ オンライン会議ならではの4つのポイント

特に初回のオンライン会議では、会議の前に機材のテストなどを行って、見え方や操作方法などしっかり把握しておき、本番で慌てないようにしましょう。

---

❶
人数が多いときは
発言前に名乗る

❷
ひとりで
長く話しすぎない

❸
発言しないときは
ミュートにしておく

❹
事前の機材テストは
入念に

★ 交通整理をする「司会役」を立てましょう

オンライン会議では、発言がかち合ったり、全員が黙って会議が滞ったりします。誰か司会役を決めて、議題に沿って発言を促したり、途中で意見をはさみたい人がいたら、発言中の人に合図して一旦止まってもらったりするなど、「交通整理」を行うようにすると、短い時間でもスムーズに議論ができます。遠隔でお互いの様子が分かりにくいときは案内役が重要です。

★ 体調がよくないときは先に言っておきましょう

体調が悪く、オンライン会議の最中に中座しなければならないこともあります。会議の最初から調子が悪いときは先に宣言しておくと、いざ抜けるときに会議の腰を折らずに、ほかの参加者も理解してもらえます。司会者が気をまわして休憩をはさんでくれることもあります。自宅で中座するときは、必ずミュートにしてからPCを離れるようにしましょう。チャットで中座報告をするのも方法のひとつ。マイクは高性能なので、遠くの音でもしっかり拾ってしまうことがあります。

★ 宅配便が来た場合の対処法

オンライン会議中に宅配業者などの来客があった場合、基本的には業務中のため会議を優先させます。何度もインターホンが鳴る場合、相手も気になってしまいますので、発言中でなければ音をミュートにします。社内メンバーでの打ち合わせや、自分が進行役でない場合は、中座報告を入れて対応してもよいでしょう。あらかじめ配達時間を指定する、張り紙をしておく、など事前の対処が大切です。

事前の準備が重要

オンライン会議を円滑に

オンライン会議の成功は事前準備が9割！

　オンライン会議でも、円滑に行う方法は従来の会議と基本は変わりません。事前にしっかり準備をし、当日はきちんと司会をして、議題と結論をしっかり周知する。終了時間を守る。これだけです。ただ、オンラインの場合は、お互い目の前にいないため、よりしっかりした準備や配慮をしないと、想定外のトラブルが起きやすいということなのです。

★ 円滑な会議のためにやっておくべきこと

オンライン会議はお互いに共有できる情報に限りがあります。PCは会議に使用するため、リアルタイムでできることには限りがあることを意識しましょう。

☑ 事前準備の鉄則

- 画面共有のテストは済ませておく
- 当日使用する資料ファイルはフォルダにまとめておく
- 参加者リストを作っておく
- 進行用のアジェンダを常時参照する
- 専用アプリケーションがあるものは導入しておく
- 環境音には注意する。できればイヤホンやインカムを使用する

★ 発言を途中で遮らない

オンライン会議では基本的にひとりしか話すことができません。これは従来の会議でも同じことではありますが、PCを使ってやる以上、音が出てくるのはひとつのスピーカーやイヤホンであるため、2人以上に話されてもまったく聞き取れません。発言を発言で遮るように話すと、誰も内容が分かりませんので、発言を希望する場合は、司会役に分かるように伝えて、話す番をまわしてもらうのが正解です。

★ 長時間ひとりで話そうとしない

会議は演説の場ではなく、お互いの意見を交わして、新たな結論に同意する場です。オンライン会議では特に、話を遮ったり、途中で意見をはさむなどしにくいしくみになっているため、いくつもの意見を立て続けに述べるのではなく、意見を小分けに区切って、こまめに締めていくほうが、議論ははずむでしょう。お互い、話すことよりも、聞くことに注力するほうがバランスがよい会議になります。

★ 結論の出ない話は時間を決めて切り上げる

あらかじめ落とし所がはっきりしている会議であれば、諸条件について同意が得られたところで終わりとなりますが、そもそも結論が明確でない会議は、ずるずると延びてしまいがちです。オンラインであれば、なおのこと堂々巡りになりやすく、現在の議論にあまり関係のない参加者が傍観者になっていることもあります。議論が長引きそうだと思ったら、一旦会議を切り上げて、後日それぞれに意見の裏付けなどを調査した上で、あらためて持ち寄って会議を行うようにしましょう。

06 接客の基本

応接室・会議室の席次

基本は上座と下座を知っておくこと

座席には上下があります。その場で上位の人は「上座（かみざ）」に座り、下位にあたる人は「下座（しもざ）」につきます。誰が上位で、どこが上座なのかは、シチュエーションで変わります。また、人によってとらえ方が違っていたり、時代で変わるものでもありますので、あくまで基本をしっかり押さえて、実際には柔軟に運用するといいでしょう。

★ 部屋の奥が上座になる

基本的に、入り口から遠い席、部屋の奥の席が上座になります。方角や左右は関係ありません。部屋に入った瞬間にどこが上座なのかすぐにジャッジできるように普段から意識しておくと、いざというときに迷いません。

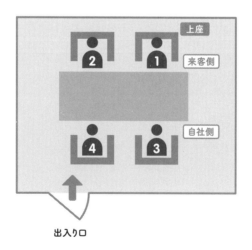

出入り口

★ 誰が上座に座るのか考えておく

上座に座るのは上位の人間ですが、誰が上位なのかは非常に複雑で難しく、間違いやすいものです。基本的には、来客は上位になります。あとは職制順や、年齢順（先輩・後輩）などを理由に決めておけば大きな間違いはありません。大事なのは、自分の中で明確な基準をつくっておき、いつでもその場の最上位が誰なのか分かるようにしておくこと。そして自分がどの序列にいるのか理解しておくことです。

☑ 上座につく順番ランキング（例）

① 来客した会社の課長
② 来客した会社の営業
③ 来客した会社の新人社員
④ 自社の部長
⑤ 自社の課長または係長
⑥ 自社の若手社員

★ 社内会議の場合

社内会議の場合、席次は職制と職歴順で決まることが多いでしょう。同じ職制であれば、決まった部署順があるので、そのとおりに並びます。会議の性質上、部署ごとにまとまって座ることも多いため、この場合は上座か下座かは、ブロックごとということになります。ブロック内の席次は部署内の席次順に並ぶことになります。

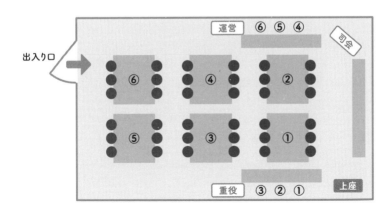

★ お客様を交えての会議の場合

取引先などお客様を交えての会議の場合、来客側が上座につきます。商売上の立場には関係なく、来客が部屋の奥側になるので、案内するときは間違えないように注意しましょう。遠慮して下座につく来客も多いですが、奥側に座るように促すのが正しいマナーになります。

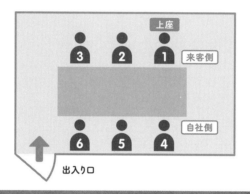

★ 訪問先の会議の場合

自分が来客になった場合など、慣れない客先ではどう座ればよいか迷いますが、まずは相手に案内されるままに上座に座ります。ここで固辞して下座に座るとかえって恥をかかせてしまうことになるので、素直に従います。判断が難しい場合は、一旦下座に着いて案内を待つのもいいでしょう。図では入り口からの距離では上座を判断しにくいですが、窓があって見晴らしのよいほうを上座とすると無難です。

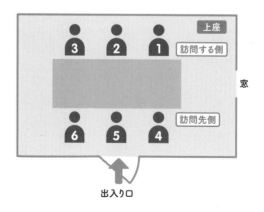

★ 席次には例外も。臨機応変に対応しましょう

部屋の奥が上座というのは、あくまで日本文化をベースにしたルールのため、必ずしも配置どおりに決まるわけではありません。また、配置によっては即座に判断できない場合もあります。上座か下座か分かりにくいときは、「座りやすい席」や「快適な席」が上座だと考えて、自分のつくべき席を判断しましょう。案内するときも、「西日が眩しいのでこちらにどうぞ」などひと言添えるといいでしょう。

［ 例外パターン1 ］

環境で決まる場合

・西日が眩しい席は下座にする
・絵が飾られている場合や、眺めのいい席は上座にする
・3人掛けのソファーは客（上座）用になる

［ 例外パターン2 ］

洋式の場合

・招待者側（ホスト・ホステス）か招待される側かで席次が決まる
・招待者に近い席が上座

［ 例外パターン3 ］

中華の円卓の場合

・丸テーブルの場合は、奥側の中央が上座になる
・そこから座る人にとって左が2番目、右が3番目として左右に席次が決まる

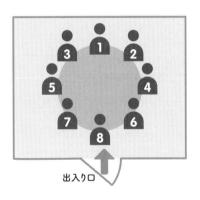

［ 例外パターン4 ］

和室の場合

・和室は「床の間」に近い側の右側か中央の席が上座になる
・入り口脇に小さな床の間（下座床）がある場合は、部屋の奥側が上座になる

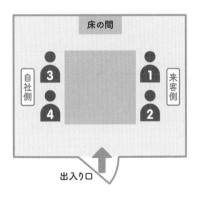

効果的なプレゼンテーション

気合のこもったプレゼン資料を活かすために

　せっかく作った企画提案や商品紹介のためのプレゼン資料も、実際のプレゼンテーションでまごついていたのでは、真の魅力を伝えきれずに終わってしまいます。相手がどんな方々なのか、何を知りたがっているのか、何を欲しがっているのかをよく考えてプレゼンしましょう。そして、プレゼン成功の最大の秘訣は練習することです。ぶっつけ本番はリスキーです。

★ 気持ちを引きつける切り出し方

プレゼンを始めるとき、どう切り出すかはとても重要です。オープニング動画を作って、雰囲気を盛り上げるのも手ですが、やはり最初のひと言で、相手の興味をどう引き出せるかがポイントです。事前に練習していろいろなパターンを試しましょう。

プレゼンの切り出し方

問いかけから入る	まずデータを出す
「みなさんは、○○で困ることはありませんか?」	「こちらのグラフをご覧ください」

共感される話題を選ぶ	引用や事実の紹介
「みなさんも○○で困ったこと、ありませんか?」	「有名な人物がこんなことを言っています……」

★ 全体がわかる「マップ」を見せる

プレゼンは順序だてて説明をしていきますが、現在位置や目標地点が分からない相手はすぐに迷子になります。いま、何のために何の説明をしているのか俯瞰できれば、長く感じる説明もすんなり受け入れることができます。冒頭で、これからどんな段取りで何について説明していくのか明示しておきましょう。また、パートごとに全体像を再度見せていくのも効果的です。

☑ 伝わりやすいプレゼン順序の一例

① **市場のデータ**
　　→データを見せることで訴求ポイントを伝える

② **課題**
　　→プレゼン相手やその顧客が抱えている課題を明示する

③ **製品のセールスポイントと導入メリット**
　　→課題解決のための製品、サービスであることを説明する。
　　　また、導入することでのメリットも伝える

④ **プランの説明**
　　→導入費用をメニュー別に提案する

★ 質問の受け方次第で大逆転もできる

プレゼン後の質疑応答は、ビジネスのチャンスタイムです。興味を持って質問をしてくれた方にはもちろん、同じことを考えていたけど黙っているというような人にも、うまい応対は刺さります。どんな質問がきても対処できるように、事前にロールプレイを行って備えておくと安心です。

☑ 覚えておきたい切り返しベスト3

① **核心をついた質問をされた**
　　→「それは重要なポイントです。資料を基に詳しく説明します」

② **説明したはずのことを質問された**
　　→「説明が不足していましたね。もう一度資料をご覧ください」

③ **想定外の質問をされた**
　　→「その件はまだ検討段階です。貴重なご意見に感謝します」

交渉をうまく進めるコツ

交渉とは着地点を探す共同作業である

　ビジネスの根本は、交渉です。あらゆる場面で交渉を進めて、事業は成り立っています。交渉がことごとく失敗に終わっていては事業は成り立ちません。世の中、全部が思い通りになることはまずないため（一時的にあっても長続きはしません）、交渉相手との共同作業で、お互い得をする関係を築き上げていくように動くことが、交渉上手への近道です。

★ 交渉で陥りがちなツボ

営業や商談など、売り込むものがあるとどうしても成果を焦って、食い気味にたたみかけてしまいますが、売り込まれる側はどうにかして断る口実を探しているものです。交渉は相手があるものなので、しっかり相手を見るところから始めましょう。

交渉失敗でよくある例

先回りしすぎた 食い気味にたたみかけると、引かれてしまう	**説明が脱線した** 枝葉末節にこだわりすぎて、主題を見失った
情報不足だった 交渉先の事前情報が少ない、自社製品に詳しくないなど	**最初から断る気だった** 交渉先が断る前提でいた場合は、逆転は難しい

★ 要求は伝えるものではなく、引き出すもの

例えば、何かを買ってもらいたい場合、買ってくれと言ったところで買ってくれる人はいません。しかし、必要なもの、欲しいものがあれば、買います。大事なのは、買ってもらうことではなく、買う必要があると気づいてもらうことです。そのためには、相手の情報をできるだけ引き出して、その中からニーズを探し出していきます。買う側になったとしても同様です。値段交渉にしても、安く買いたいという要求を突きつけるよりも、どうにかして売りたいという要求を引き出すように、交渉を組み立てます。お互いに相手の要求をしっかりつかんで、双方の落とし所を見出していきます。

★ 否定言葉をポジティブにとらえる

人の心にも「慣性」のようなものはあり、多くの人は不要な変化を好みません。なので、交渉は「断りたい」という立ち位置から始まることが多いものです。なんとかして断って、交渉を終わらせたいという気持ちでいるので、少しでもアラがあれば、そこを突いて否定してきます。かといって否定に対して「でも、」と否定で返しても、一層かたくなになるばかりです。まずはその否定を受け止めて、どういう理由で否定するのか聞き出すことで、要求を引き出していきましょう。いらないと言われたら「なぜいらないのか後学のために聞きたい」と返せば、理由は教えてくれるはずです。

★ 落とし所が見えてからが「交渉」だ

お互いの要求を盤上に並べたら、そこからが交渉の本番です。この先重要になってくるのは、信頼感です。交渉内容をはさんで対決するのではなく、ゴール（落とし所）に向かって、手を携えて一緒に進んでいく感覚を大事にしましょう。自分の利益はもちろん最優先ですが、相手の利益もないがしろにしていいものではないのです。また、途中で、乗り越えるのが難しい壁に突き当たることもあります。そのときのための「プランB」はいつも用意しておきましょう。プランBの存在は気持ちにゆとりを持たせてくれ、交渉をスムーズに進める切り札になるでしょう。

後日必ず役に立つ

議事録のコツ

よい議事録は、後日必ず役に立つ

会議の内容の共有はとても重要です。決定事項や参加者同士の合意も再確認でき、不参加だった場合でも、あとから会議内容を確認することができます。見やすくて分かりやすい議事録をなるべく早くに作って配布することは、事業の発展の助けになるでしょう。いくつかのコツを押さえて、役に立つ議事録を作りましょう。

★ 議事録はなんのためのものか明確にしておく

議事録の最大の役割は「決定したことを明確にする」ことにあります。そのために、どのような流れで、誰が決定したのかも記録に残しておくと責任の所在を明確にできます。逆にこれらの要素が足りていない議事録はあまりよいとは言えません。

☑ 議事録に必須の要素

● **決定事項**
→会議で決定した内容を簡潔に書いておく
→決定事項の中で、具体的な数字などがあれば明記しておく

● **議論の経緯**
→不参加だった人があとで見て、議論の流れがわかるようにしておく
→却下されたことも理由付きで記録があれば、蒸し返されることもなくなる

● **責任の所在**
→いつ、誰が、何を決定したのかを明記しておくことも議事録の重要な役割

★ 作成の期日はスケジューリングしておく

いつまでに議事録を作るべきか、については「なるべく早く」としか言いようがないのですが、会議の規模や内容によって重要度は変わってきます。急を要する重要な議論や決定がされていれば、一刻も早く取りまとめて、不参加だった人に伝えなければならず、日常の報告会のような会議であれば、人員を割いてまで急ぐ必要はないでしょう。会議の日程を決める際にあらかじめ議事録作成のスケジュールも組み込んでおくと、無理なく議事録を起こせるようになります。

★ 読みやすくまとめるのが重要

会議の発言をそのまま並べるのはあまりよい議事録ではありません。決定事項は見出しにして分かりやすくします。内容は箇条書きで簡潔な文章にすると、把握しやすくなります。定期的に行われる会議であれば、フォーマットを決めて整理するようにすると、一層読みやすくなります。

★ 録音ツールの活用も考える

議事録のために会議の内容を録音しておくと、あとで正確に再現できて便利ですが、いくつかの注意点があります。録音を聞きながら議事録を起こすと、そのまま書き起こして冗長なものになりがちなので、あくまで補助的に事実関係を確認するためと割り切って使いましょう。また、事前に参加者に録音をすることの同意を求めることも重要です。録音データの取り扱いも注意しましょう。

★ リアルタイムで作成することも増えた

会議の際に直接パソコンなどに議事内容を書き込んでいくというケースもあります。会議が終わると同時に議事録が完成するので、たいへん効率がいいやり方です。ただし、タイピング音を嫌う参加者もいるので、主催者や参加者の同意をあらかじめ得ておくことが必要になります。フォーマットが決まっていると、穴埋めをするように効率よく議事録を作ることができて便利です。

乗り物での席次のマナー

乗り物の中にも上座・下座がある

タクシーや新幹線など、長時間乗るものはもちろんですが、エレベーターにも上座の概念はあります。知っておいて、とっさに席を譲れるようにしておきましょう。

◆ タクシーの場合

タクシーでは、目下の人がタクシーを呼び止め、荷物の積み降ろしや行き先伝達を担当します。タクシーやハイヤーでは、運転席の後ろが上座、助手席の横が下座です。

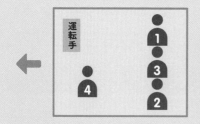

◆ 自家用車の場合

自家用車の場合の車内の席次は、誰が運転するかによって変わります。運転手が車の所有者の場合、助手席が上席になります。左ハンドルの場合でも同様です。

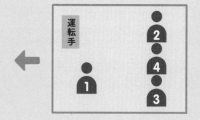

◆ 新幹線の場合

電車や新幹線では窓側が上座です。また、人数が多く複数の列に座る場合は「入り口から遠い方が上座」と覚えておきましょう。3人席の場合には、真ん中の席がいちばん下座となります。

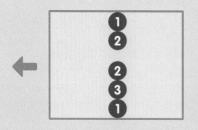

◆ エレベーターの場合

エレベーターでは操作盤の前が下座、入り口から見て左奥が上座となります。目下の人が先に乗り、降りるときは開くボタンを押して、目上の人に先に降りてもらいます。ひとりのお客様をご案内するときは、先にお客様をご案内します。

Chapter

訪問のマナー

アポイントをとって社外で商談をする、まさに「アウェイ」の環境で身を助けてくれるのはマナーです。基本を押さえておくことで、物怖じせずに振る舞うことができます。会食や冠婚葬祭のマナーも紹介していますので、いざという場面に備えておきましょう。

01 ビジネスの基本

アポイントのとり方

アポ無し訪問は一般ビジネスではありえない

アポイントとはアポイントメントの略で、面会や会合の約束のことをいいます。取引先の人と会う場合は、事前にアポイントをとって日程や場所をあらかじめ調整しておきます。飛び込みでの訪問、つまりアポ無しでの訪問は、相手の予定を無視した迷惑な行為となるので、絶対にしないようにしましょう。

★ アポイントは先方の都合を最優先に

アポイントは、一般的に電話かメールでとります。そこで重要になるのが日程のすり合わせです。まずは面会の時間がどの程度かかるのかを具体的に提示するようにしましょう。先方も時間を推測することができ、対応可能な日時が増える場合もあります。都合のよい日時と場所を聞けた場合は、先方の都合を最優先に日時を決定するのがベストです。メールでアポイントをとる場合も同じ手順を踏みます。自分からアポイントの候補日を提示する場合は、複数の日程を記載しましょう。「〇月〇日〇曜日」など、曜日まで入れると、日程のミスを減らすことができます。

☑ 候補日を考えるときに留意すべきこと

- 最低でも3つ以上は候補を挙げるようにする
- 午前、午後などではなく、具体的な時間を挙げる
- 候補日以外でも対応可能なことを伝え、都合のよい日程を尋ねる

★ アポ取りでは先に会合の主旨を伝える

まずは、なぜ会ってもらいたいのかを伝えましょう。ただ、詳細に伝えすぎると先方の時間を無駄にしてしまうだけではなく、「これだけ聞けばわざわざ会う必要がないのではないか」と思われてしまいます。主旨は伝えつつ、もっと話を聞きたい、という興味を引き出すことが重要です。また、主旨をきちんと伝えることで、その後に「弊社では必要のない案件だった」などといった齟齬が生まれづらくなります。

☑ 伝えることリスト

- 社名、部署、担当者名
- 連絡をした理由
- 会合の主旨
- お礼も忘れずに

★ 変更の相談はできるだけ早くする

アポイントをとったあとは、予定を変更しないことがベストです。それでも、どうしても変更しなければならない場合は、できるかぎり早く先方に連絡するようにしましょう。まずは、予定を変えてしまうことについて丁寧に謝罪をし、変更後の日程候補を提示します。この際も、複数の候補日を提示し、相手の予定を最優先するようにしてください。また、変更理由については詳しく話す必要はありません。

★ 挨拶に立ち寄るにも事前連絡が望ましい

取引先の近くに用事があり、挨拶にだけでも立ち寄りたい、と思うケースもあるはず。しかし、その場合もアポイントは必ずとるようにしましょう。急に訪れると、先方としては忙しかったとしても何かしらの対応をとらなければならなくなります。どんなときも、自分が所属している会社の名前を背負っていることを忘れないようにしましょう。あなたの非礼は会社の非礼につながります。

備えあれば憂いなし

訪問前の準備

可能なかぎり前日までに準備を整える

　時間に間に合うからといって、訪問前の準備をギリギリにするのは極力避けるようにしましょう。慌ててしまい、取りこぼしが発生します。あれが足りない、これが足りない、とせっかくの訪問機会を台無しにしてしまうことも。できれば、前日までに資料などは揃えて、持参するべきものも確認し、忘れ物はないようにしておきましょう。

★ 前日までの下調べで、当日の余裕ができる

前日までに下調べを終えておくと、もし何か足りないと気がついたときにも対応することができます。当日、余裕があると、訪問時にも落ち着いて対応できます。

☑ 訪問時に調べておくこと

- 訪問先へのルート確認（複数）
- 訪問先への所要時間
- 先方の基本的な企業情報

★ 訪問時の持ち物セットを決めておく

取引先への訪問は一度だけではありません。訪れる先は変わるにせよ、さまざまな取引先へ訪問することになります。訪問時に必要な基本的なアイテムはあらかじめ用意しておくようにしましょう。便利なのはバッグ in バッグです。その中に訪問時の持ち物セットを準備し、必要なときにだけバッグに入れるようにすれば慌てることもなくスムーズです。ただ、訪問先によってプラスすべきものがある場合は、そちらも忘れないようにしましょう。

☑ 訪問セットのチェックリスト

- ☐ 筆記用具
- ☐ 名刺
- ☐ パソコン
- ☐ 資料
- ☐ 契約書
- ☐ 印鑑、朱肉、捺印マット、ティッシュペーパー

★ 名刺切れだけは要注意

名刺を忘れるのはビジネスマンにとって痛恨のミスです。できれば避けたいところ。名刺ケースに名刺がちゃんと入っているか、念のためマメに確認するようにしてください。また、ぎりぎりではなく、早めに注文しておくことも重要です。もしものときのために、手帳などに予備の名刺を忍ばせておくのもいいかもしれません。社内で支給されていない場合は自分で用意をするようにしましょう。

ただし、なんらかの理由で「名刺がないことにする」ということもビジネスシーンではありえます。柔軟に対応しましょう。

★ サポート体制を得られるようにする

アポをとり、訪問するまでを自分でやるのは社会人として当然のこと。しかし、入社したばかりであったり、経験が浅い場合は不安も大きくなります。そういった場合のためにも、社内でサポートを得られるように周囲に相談しておきましょう。上司や先輩にこまめに相談しておくことで、ミスを未然に防げるだけでなく、ミスをした場合でもその影響の拡大を最小限にとどめられるはずです。

訪問先に到着してからの準備

いきなり飛び込まず、入念な準備運動を

　アポイント先には遅くとも10分前に到着し、一度足を止めて深呼吸をしましょう。コートやマフラーを着けている場合は、建物に入る前に脱いでおきます。まずは先方の建物がどういったものかを確認。受付をするまでの流れをいったんシミュレーションしてから、訪問先の建物に入るようにするのがベストです。

★ 大きな会社への訪問の場合

ビルなどに複数の会社が入っている場合、総合受付で手続きを済ませなければなりません。セキュリティが厳しくなっている企業も多いので、受付をしないと中に入ることさえできない場合もあります。受付で挨拶をし、自社名、氏名、訪問先担当者名、用件などを伝えます。訪問先で記帳する場合は、担当者には必ず「様」を加えるようにしましょう。

☑ 受付への対応方法

① 受付で挨拶する

② 自社名と氏名、訪問先担当者名などを伝える

③ 記帳後、受付の指示に従って訪問する

★ 雑居ビルなどへの訪問の場合

訪問先が雑居ビルにある場合は、直接オフィスに訪れる形になります。到着は10分前だと安心ですが、建物内に入るのは5分前程度で問題ありません。あまり早く到着しても、迷惑になる場合がありますし、待機するスペースがない場合もあります。相手への配慮を考えて時間を調整するとベストです。コートやマフラーなどを着けている場合は建物に入る前に外すようにしましょう。

☑ 受付への対応方法

受付がない場合があります。
その場合はインターホンなど
を鳴らし、自社名、氏名、担
当者の名前を伝えましょう。

★ マンションなどへの訪問の場合

ビルなどと違い、場所が分かりにくいケースがあるため、最寄り駅には早めに到着しておくのがベスト。道に迷っても安心です。訪問は5分前以降、できれば2〜3分前に。待合場所もないケースがあるため、早すぎる訪問は相手を焦らせてしまい、商談にも支障が出る場合があります。事前に「早めに来ていただいてもかまいません」という場合は5分前到着を目指しましょう。

☑ 受付への対応方法

受付がない可能性が高いので、
インターホンなどを鳴らし、
自社名、氏名、担当者名を伝
えましょう。

04

最初のコミュニケーション

名刺交換のマナー

名刺は自分や相手の分身と思って丁寧に扱う

　訪問先を訪れて、まず先方の担当者と行うのが名刺交換です。最近では、名刺交換の不要論もありますが、初対面での最初のコミュニケーションとして重要なステップになります。そして、名刺は自分や相手の分身のようなもの。個人情報が記載されているということもありますが、丁寧に扱うようにしましょう。

★ 渡すタイミングと渡し方のマナー

すぐに名刺を取り出せるように、カバンから取り出しやすい場所、もしくは上着の内ポケットなどに入れておくようにしましょう。名刺交換は立って行うのが一般的。名刺は相手が読みやすい向きにし、名刺入れの上に乗せた状態で、両手に持って差し出します。そのタイミングで社名や部署、氏名を名乗ります。また、相手の名刺よりも低い位置から自分の名刺を差し出すことで丁寧な印象を与えることができます。また、机越しに行わないように注意を。場所が狭くて難しい場合は、「机の上から失礼いたします」とひと言添えましょう。

☑ 訪問側の段取り

名刺は取り出しやすい場所へ。
訪問した側が先に名刺を出すようにする。

☑ 受け取り側の段取り

両手で受け取るのが基本。
渡すことと受け取りを同時に行う場合は右手で差し出し、左手で受け取るようにします。

★ 受け取った名刺の取り扱いのマナー

名刺を受け取った際には「頂戴いたします」という言葉を忘れずに。片手で受け取っていたとしても、すぐに両手で持ち直すようにしましょう。交換したあとの名刺をどのように扱うかも注意が必要です。名刺は相手の分身、ということを忘れずに丁寧に扱いましょう。

★ 打ち合わせ中の名刺の取り扱いマナー

受け取った名刺は、名刺入れの上に乗せて、机の上など、その部屋の上座側に置くようにしましょう。複数人が出席しており、手元に名刺も複数枚ある場合は、相手の座った席順に合わせて並べることで、名前も覚えやすくなります。また、相手のなかで最も立場がある人が分かる場合は、その人の名刺を名刺入れに乗せるとよいでしょう。

★ いただいた名刺の取り扱いのマナー

帰社後は名刺をファイリングしておきます。ファイリングの際は受け取った日時、場所、本人に関する情報などを名刺の裏や、メモにまとめて添付するようにしましょう。最近は名刺管理アプリも主流となっているため、そこに登録をして管理するのもいいでしょう。また、帰社後か翌日の午前中までにはお礼のメールを送っておくと、誠実な印象を抱いてもらえます。名刺は大切な個人情報です。決して紛失しないように注意してください。

☑ 帰社後にやっておくべきこと

- 名刺に先方の情報をメモしておく
- 訪問のお礼メールを送る
- 分かりやすいようにファイリング
- 名刺管理アプリやツールに登録する

05

個人宅ならではの気遣いを

個人宅訪問のルール

プライベートな空間に入ることを忘れない

　営業や打ち合わせ以外でも、個人宅を訪れることはあります。基本は会社を訪問する際のマナーと大きな違いはありませんが、個人宅はプライベートな空間です。個人宅ならではの気遣いが必要になることを心に留めておきましょう。また、どのような部屋に通されるか分かりません。靴下やストッキングなどが破れていないか確認を欠かさないようにしましょう。

★ 親しい間柄でもアポイントは確実に

まずはどういった目的で訪問したいのか、きちんと伝えるようにしましょう。その上で先方の同意を得た上で日程を調整します。親しい間柄であったとしても、突然の訪問は NG です。相手が不在だったり、失礼だと感じる場合もあります。また、時間は先方の都合を最優先に。時間を提案する場合も、食事時などは避けるようにしましょう。午前は 10 時から 11 時の間、午後は 14 時から 16 時ごろがベストです。もちろん、先方が希望する時間帯があればそちらを優先しましょう。

☑ 個人宅訪問の日時決定に必要なこと

- 早い段階でスケジュールを決定する
- 食事時は避ける
- 先方の予定を最優先に
- 時間厳守

★ 玄関前で済ませておくべきこと

予定より早く着きすぎるのは避けるようにしましょう。コートやマフラーなどは、インターホンを鳴らす前に外しておくのがベストです。汗などを大量にかいていないか、汚れなどがないかはチェックしておきます。雨の日で服が濡れている場合は、家の中に入る前に拭いておきましょう。個人の方が生活をしている場所です。なるべく汚さないように注意しましょう。

★ 玄関に入ってからの段取りのマナー

ドアを閉めたあと軽く挨拶をし、訪問のお礼を伝えます。正式な挨拶は中に通されてから行うので、手短に済ませます。玄関で靴を脱ぐときは、正面を向いて靴を脱ぎ、スリッパの横に上がります。相手にお尻を完全に向けない姿勢で後ろを向き、靴の向きを直して玄関の端に置きます。その後、スリッパを履きます。

★ 入室してからの段取りのマナー

手土産を渡し、席を指定されない場合は長椅子の下座側などに座るようにします。席についたら、まずは訪問のお礼を伝えましょう。椅子に座る場合は小さなバッグは椅子の上に、大きい場合は足元に置きます。和室の場合は、敷居や畳のへりなどを踏まないように注意しましょう。

ドア

★ 帰るタイミングと退出のマナー

長居は禁物です。用が済んだら、おいとまをするようにしましょう。引き留められたとしても、丁重に辞退するのがベストです。椅子や座布団から立ち上がったタイミングで、おもてなしのお礼を伝えましょう。基本、コートなどは玄関を出てから着用しますが、すすめられた場合は室内で着ても問題ありません。帰宅後は訪問のお礼のメール、もしくは電話をしておくとよいでしょう。

社外での打ち合わせ

オープンスペースであることを忘れない

　訪問先の会社の会議室だけではなく、社外、それもカフェなどといったお店での打ち合わせが行われることもしばしばあります。最近ではコワーキングスペースも充実してきており、社外での打ち合わせの選択肢も広がりつつあります。ただ、オープンスペースでは誰が見ているか分からないからこそ、マナーには注意しましょう。

★ 誰が聞いているか分からない

社外での打ち合わせの際、お店はどこでもいいというわけではありません。どのようなお店を選ぶかも重要になってきます。ひとつはお店のBGMや、周囲の騒がしさです。静かすぎると自分たちの会話が周りに聞こえてしまい、情報漏洩につながります。一方、騒がしすぎると打ち合わせの邪魔に。下見をして、いくつかちょうどいい場所をピックアップしておくと、いざというときに便利です。また、オープンスペースでの打ち合わせは誰が聞いているか分かりません。機密情報など、部外者に聞かれて困る内容について話す場合は、貸し会議室や個室を利用するようにしましょう。

★ 先に到着している場合

できれば 20 分前を目安に到着し、先方も座れる席を確保しておきましょう。可能であれば、カフェの奥の角の席を。テーブルも広いと資料も広げやすいです。両隣にほかのお客さんがいないことで安心して話すことができます。先方が到着したら席を立って迎えましょう。基本的には社外でも、先方には上座に座ってもらいますが、先方が快適に過ごせる位置があればそちらを重視してください。

★ 後から到着した場合

遅刻ではなかったとしても、先方をお待たせした場合は丁寧に謝罪をするようにします。時間を守っているから OK ではない、ということを念頭に置いておきましょう。ただあまり申し訳なさそうにすると、気を遣わせることになるのでほどほどに。

★ 食事や追加注文のタイミングを考える

先方が席についたら、まずは飲み物を注文しましょう。食事やお茶をすることが目的ではないので、仕事の妨げにならないようなメニューで、高額すぎないものを注文するのが無難です。注文は先に相手にお聞きし、同じものを頼むとスムーズでしょう。打ち合わせが長引きそうで、飲み物を飲み終えてしまった場合は、何か追加するか、尋ねましょう。

★ 会計の済ませ方

カフェでの打ち合わせを設定した側が支払うことがベターです。先方が払うと言った場合でも、一度断ればどうしても払いたいと言われることはありません。先に伝票を持って立ち上がるのがスマートでしょう。先に払うタイプのカフェの場合は、それぞれが払うのが基本ですが、打ち合わせを依頼した側であれば「コーヒー代をお支払いしますのでレシートをいただけますか？」などとひと声あると、「気遣いできる」アピールになります。

お店選びと予約のとり方

会食のマナー

会食はチャンスでもありピンチでもある

　社会人になると、社内だけではなく、取引先との会食を手配する機会も多くなります。会食の成功のポイントは取引先や上司、参加者に対してどれだけ細やかな心配りができ、気持ちよくかつスムーズに進めるかです。うまくいけば社内の評価は上がりますが、失敗すれば取引先の心象も悪くなるので、とても重要な仕事です。

★ 会食はお店選びから

まず、最も重要になってくるのが会食のお店選びです。何がいちばん好きなのかをリサーチしましょう。同時に苦手な食べ物とアレルギーの有無についても調べておきましょう。全員が楽しくおいしくいただくためには重要なポイントになります。また、お店の雰囲気や接客についても事前にチェックしておく必要があるので、レビューサイトなどで調べておきましょう。

☑ シチュエーション別飲食店の選び方

- **お礼や接待などフォーマルな会食**
  フレンチレストランやイタリアンレストラン、料亭など落ち着いた雰囲気で食事ができるお店、長時間の滞在ができるお店が望ましい。

- **打ち上げや慰労会などカジュアルな会食**
  居酒屋やカフェバー、イタリアンなどリラックスして食事が楽しめるお店。2時間程度で2次会に移行するのが一般的。

- **遠方からの来客をもてなす会食**
  地元の名物料理やグルメを提供するお店が喜ばれる。名所観光とセットにするとなおよい。

★ 予約のとり方

ネット予約もできますが、電話をかけて細かに情報を共有することが大事です。利用目的と参加人数を伝えたあと、ゲストの苦手なもの、アレルギーの有無などを伝えます。個室を利用したい場合は、広さや雰囲気のほか、音漏れなどについてもしっかり把握するようにしましょう。個室がどのような部屋か確認したあと、席次についても相談すると、案内の際にスムーズです。

☑ 予約に必要な情報

利用目的／参加人数／ゲストの苦手なもの／アレルギーの有無／個室の利用希望

★ 参加者への告知に必要なこと

会食のお店が決定したあとは、参加者への告知です。日時をはじめ、店名、所在地、電話番号、アクセス方法などを伝えます。最寄り駅と、駅からどの程度かかるかも伝えましょう。場所が分かりやすいお店を選ぶのがベストですが、迷いやすい場所にある場合は、地図やマップツールのリンクなどをメールで送付をしましょう。最後に予約者の名前も忘れずに。お店が予約席に案内するためには重要な情報です。

☑ 告知に必要なこと

日時／店名／所在地／電話番号／地図／予約者名

★ 入店時に注意すること

当日は、10分前にお店に到着するようにして、取引先が来るのを待ちます。一緒にお店に向かう場合は、先にお店に入り、予約者名を告げて取引先、上司の順で店内に入ってもらいます。盛り上げようとしてしまうかもしれませんが、席につくまでは周りのお客様の迷惑にならないように静かに移動を。席に通されてから、座ってもらう順も入店の際と同じです。

★ 注文のタイミングのはかり方

料理はお店と相談してお任せするのがベスト。
幹事が気をつけるのは飲み物の注文です。取
引先にお酒が飲めない人がいる場合は、事前
にソフトドリンクなどを手配しておきましょ
う。途中、相手のグラスが3分の1程度になっ
たら次の注文を聞くとベストです。

★ 主催側と招かれた側の注文のマナー

注文は主催側がするようにしましょう。そのため、取引先のグラスには常に視線を
向けておくことが大事です。逆に招かれた側だと、注文について考えてしまいます
が、基本は相手にゆだねるようにしましょう。飲み物に迷ってしまう場合は、「ど
ういうものを飲みたいか」や「次の食事と合うのはどの飲み物か」などお店側にゆ
だねるのもよい方法です。

☑️ 立場の違いの配慮ポイント

- 注文は主催側が行う
- 取引先のグラスには要注目する
- 招待されて注文に困った際はホストに任せる
- 気を遣いすぎずにある程度、空気にゆだねることも重要

★ 店員への対応のマナー

どんなに取引先への振る舞いがよかったとし
ても、店員に対して横柄だと印象は悪くなり
ます。丁寧にコミュニケーションをとり、お
礼はマメに伝えるようにしましょう。お店と
良好な関係を築いておくと、要望に応えて
サービスを加えてくれたり、いざというとき
にサポートしてくれる場合もあります。

★ 幹事サイドの会計の仕方

会計はレジで行う場合とテーブルで済ませるスタイルがありますが、できるだけ相手から見えないところで済ませておくのがスマートです。事前にお店に会計の方法について確認しておくとよいでしょう。お開きになる前にさりげなくトイレに立つふりをして会計を済ませるか、お店に名刺を渡し、請求書にして送ってもらう形にすると直前で慌てることもなくスムーズです。

★ 招かれた側の会計への配慮

無理に払うことを主張するのもマナー違反です。
「ありがとうございます。おいしかったです」
と伝えましょう。レジで支払いが行われるなど、
目の前で会計が行われる場合はお店の外で待っ
ているようにしましょう。会計の場面は見ない
ようにするのもまたひとつのマナーです。

★ 見送る側のマナー

取引先が会食後にそのまま帰る場合は、あらかじめ
タクシーの手配をしておくようにしましょう。タク
シー代やタクシーチケットは封筒に入れて渡してお
くのがベストです。終わった直後から翌日の就業開
始前までの間に、時間をつくってもらったことに対
するお礼のメールを送ることも忘れずに。

★ 見送られる側のマナー

タクシーでも、徒歩でも、相手の姿が見えなくなる直前に振り返って一礼をします。相手も見送っているので、それに応える形になります。また、見送られる側、つまり招待された側も、次の日の就業開始時刻までに招待してもらったことに対してのお礼のメールを送りましょう。自分も相手も気持ちよく会食を終えられることがポイントです。

洋食のマナー

テーブルマナーの基本はサイレント

　いただく機会は多いものの、はっきりとしたマナーを把握しづらいのが洋食でのマナーです。きちんとしたマナーを身につけておくと、所作が美しく、それだけで相手によい印象を与えることができます。ひとつ心に留めておきたいワードが「サイレント」。食事の際、音を立てないように、まずは注意してみましょう。

★ ナイフ・フォークは外側から使う

マストで覚えておくべきなのは、ナイフとフォークは外側から順に内側に向かって使うことです。セッティングの時点で、どの料理にどのナイフとフォークを使うか決まっているため、料理が出てきた時点で迷う必要はありません。食事中のサインは、食事を下げてもらいたくないときはナイフとフォークをハの字に置き、食事終了時はナイフとフォークを揃えて置きます。

中座するとき

食べ終えたとき

★ フォーマルな乾杯はグラスを当てない

乾杯というと、グラスを触れ合わせて、音を鳴らすものをイメージします。ビールなどはそれでもかまいませんが、繊細なワイングラスなどは乾杯の衝撃でヒビが入ってしまう可能性もあります。正しい乾杯は、グラスを自分の首のあたりまで持ち上げ、相手の目を見て「乾杯」というだけ。とても静かな乾杯になります。また、ワインを注いでもらうときは、グラスをテーブルに置いたままにしましょう。

★ 失敗したときのリカバリー

ミスをすると、ついうろたえてしまったり、過剰に謝ってしまうかもしれません。反省するのはいいことですが、それではミスをしただけでなく、そのときの会話を中断させることになります。ミスをしたときこそ落ち着いて行動を。例えば、ナイフやフォークを落とした際は、「失礼いたしました」と言って給仕の方を呼び、取り替えてもらいます。堂々としていると、失敗らしく見えません。

★ 中座するときのマナー

会食中にトイレなどに行くために席を離れることもあるはず。このときは、膝の上に置いてあるナプキンを椅子の上に置いて席を立ちます。また、ナプキンはきれいにたたまずに、汚れた面を軽くたたんで席を立つようにしましょう。

★ 立食の場合に気をつけること

パーティーなどでは、立食形式の場合も。まずは、動きやすいようにあまり大きな荷物を持ってこないこと。コートや大きな荷物があれば、クロークに預けましょう。料理を取る際は、前菜、スープ、メインというようにコース料理と同じ順番で取っていきましょう。欲張って、お皿に山盛りにするのはもちろん NG です。一度に取るのは 1 品から 3 品程度にしておくと美しく盛り付けられます。他の人の分まで盛るのも避けましょう。

09

箸使いが要

和食のマナー

和食の要の箸使い

　日本人が小さいころから慣れ親しんでいる和食。そのなかでも特に箸の使い方にはさまざまなマナーが。料理に箸を突き刺す「刺し箸」、どの料理を食べようか迷う「迷い箸」、箸の先を舐める「ねぶり箸」など、心当たりがあるマナー違反もあるのでは？　普段から気をつけて、いざというときにきれいな箸使いを目指しましょう。

★ 和食をいただくときの箸捌きのポイント

利き手で箸置きから箸を取ります。この際、中央からやや右寄りのあたりを持ちましょう。すぐに反対の手で箸の下から添え、利き手を箸の後方に滑らせます。

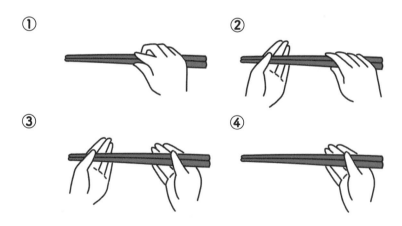

★ 箸の持ち方、椀の持ち方

① 椀を取る際は両手で取る。
② 椀を利き手とは逆の手で持ち、箸を利き手で取る。
③ 椀は親指と人さし指、中指で持ち、小指と薬指で箸先を受ける。
④ 利き手を箸に沿って滑らせて下に持ち替える。

★ 和食のタブー

和食には、箸使いにもマナーがありますが、食べ方にもさまざまなマナーがあります。基本的には左から、手前からの順に食べていくのが一般的です。また、和食では三角食べ（主食、主菜、副菜などと順序よく均等に食べること）が正しい食べ方になります。

☑ 和食のべからず集

● **箸捌きに注意する**
箸を交差させない、箸を振らない、料理を突かないように注意しましょう。

● **一点食いをしない**
ひと口ずつ、いろいろな料理を楽しみながら食しましょう。

● **食べ物の味や匂いについて否定的なことを言わない**
口に合わないこともありますが、その場で言う必要はありません。
どうしても食べられないものはそっと残します。
他人が残すものにも意識を向けてはいけません。

10

さりげない心遣いが大切

中華のマナー

中華に決まったマナーは少ないが、心遣いが重要

　和食や洋食に比べて、思い浮かびにくいのが中華料理のマナーです。実際に、中華には堅苦しいマナーはあまりありません。基本は、円卓を囲んで、時計まわりに料理を取っていく形になります。料理を取ったあとは、次の人が取りやすいように取り箸やサーバーの置き方には注意を。さりげない心遣いが喜ばれます。

★ 中華は円卓。席次にも配慮する

ドアからいちばん遠い席が上座、その両サイドが二番、三番、ドアに最も近い場所が下座になります。料理は、上座の人から順に時計まわりに取っていきます。

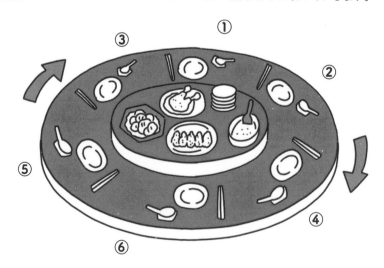

①
②
③
④
⑤
⑥

ドア

★ 取り分けは平等に公平に、が基本

中華料理は基本、大皿に盛られており、それぞれで取ります。上司がいたとしても取り分ける必要はありません。ただ、全員が食べられるように、欲張って取りすぎないようにしましょう。ほかの人も取り分けることを念頭に置いて、盛り付けを崩さないようにするなど全員が気持ちよく食事がとれるように心がけてください。また、取り分けた分を残すのはマナー違反になります。

★ 箸は縦に置き、皿を持たない

和食以外の食事の多くは、お皿を持ち上げません。中華料理も、基本的に器や皿は持ち上げず、箸とれんげでいただきます。また、箸は食事中は、縦に置くようにします。縦に置くと、「まだ食事が終わっていません」、横に置くと「食事が終わりました」というサインになります。

★ れんげをうまく使って、音を立てない

中華料理のマナーにおいてポイントになるのが、れんげの使い方です。れんげは人さし指をくぼみに沿わせて、人さし指と中指で支えるようにするのが正しい持ち方です。口に運ぶ際は、真横ではなく、少し斜めにして口に持っていくようにしましょう。麺類などは、すする音が大きくなりすぎたり、汁が飛び散ったりしないように、れんげで麺を受けながら食べるのが正しいマナーです。

★ 中国茶のマナー

中華料理に欠かせない中国茶。油分が多い中華料理は、中国茶と一緒にいただくとスッキリと楽しむことができます。中国茶の提供の仕方はさまざまですが、飲むときは受け皿ごと湯飲みを持ち上げます。急須で提供された場合は、急須のふたを裏返すか、ずらしておくとおかわりのサインになります。中国茶は飲むタイミングなど決まっておらず、好きなだけいただきましょう。

お酒の席の付き合い方

適量を楽しく飲む、を忘れない

　社会人になると、多かれ少なかれ出席する機会が多くなるのがお酒の席です。職場での飲み会などは、親睦を深めるためには重要なコミュニケーションの場にもなります。一番の基本となるのは、自分の適量を知っておくこと。飲みすぎると、失敗をして後悔したり、お酒の席に行くのが怖くなることもあるので注意しましょう。

★ 酒の席の鉄則

まずは飲みすぎないことです。飲みすぎは明日の自分がつらい思いをするのを忘れずに。また、上司が「無礼講」と言ったとしても、真に受けないようにしましょう。

✅ 鉄則リスト

- 飲みすぎない
- 上司の「無礼講」を信じない
- 人の悪口を言わない
- 愚痴を言わない
- 必要以上に人に触らない

column　お酒の断り方、すすめ方

お酒が苦手な場合、一杯目は口をつけて、そのあとはほかのソフトドリンクを。お酒をすすめられた場合は、「お酒が飲めない体質なんです」、もしくはグラスの上に手を差し出して「もうけっこうです」と笑顔で言いましょう。すすめるときは、「お注ぎしましょうか」「何か頼まれますか」とやんわりと。断られた際はしつこくすすめないようにしましょう。

★ グラスの扱いのマナー

グラスは飲み物によって変わり、扱い方も異なります。繊細なワイングラスは足を持つようにしましょう。また女性は、グラスにリップの跡がつくこともありますが、拭うのはマナー違反です。グラスにつきづらいリップにするか、ティッシュオフしておきましょう。ビールジョッキなどは丈夫ではありますが、乱暴すぎる扱いは破損の原因になるので注意してください。

★ お酌の仕方と受け方

お酒の種類によって、お酌は変わります。ビールは瓶を右手で持ち、左手を添えてラベルが上になるように持ちます。受ける場合は、グラスを片手に持ち、逆の手で底に添えて。相手が注ぎやすいように傾けます。ワインはお店の方が注いでくれることも多くあります。ワイングラスはテーブルに置いたまま受けましょう。日本酒の場合は片手でもかまいませんが、左手を添えると美しく見えます。

ビールの場合　　**ワインの場合**　　**日本酒の場合**

★ 気分が悪くなったとき

気分が悪くなってしまったときは、無理をせずに一旦中座を。お店の方に話をして、少し休ませてもらうのもいいかもしれません。場の空気を悪くしてしまうかも、と思うかもしれませんが、無理をしてさらに状況が悪くなる場合もあります。また、体調がすぐれないときは会食だからといってがんばって食べようとしなくてもかまいません。自分の体と相談をして、適切な量をいただきましょう。

12

相手を困らせないことを優先

手土産の選び方・渡し方

もらって嬉しいものより、もらって困らないものを

　ビジネスの場でも、ちょっとしたコミュニケーションのきっかけとなるのが手土産です。取引先との距離を縮めたり、堅くなりがちな場の空気を柔らかくしたりします。手土産を渡す際は、喜んでもらうことも大事ですが、優先したいのは困らないものであるということ。その点を重視して選んでみましょう。

★ どんな理由で誰に渡すかで内容は変わる

手土産を渡すシチュエーションは大きく分けて2つあります。まずはお詫びの際。格式が高く、重みがあるお菓子を選ぶようにしましょう。挨拶やお礼の手土産は菓子折りを。箱に入っているものを選ぶのがベストです。お菓子の詰め合わせなどは、たくさんの社員の方がいただくことができ、喜ばれます。個包装だと社内で分けやすいのでなおよいでしょう。

✅ どんなときにどんなものがいいか

- お詫びの際は、老舗や有名店のものを選ぶ。羊羹やカステラは落ち着いた印象に。
- お礼、訪問の際は、高すぎない菓子折りを選ぶ。個包装の詰め合わせを。
- 会社に訪れて渡す場合はできるだけ量の多いものを。会社外で渡す場合は、コンパクトなものを選ぶ。
- できるだけ賞味期限が長いものを選ぶ。生菓子などは避ける。
- 高すぎると相手を恐縮させてしまうので、一般的な3,000〜5,000円帯を相場として選ぶ。

手土産を渡すのは、基本的に「席につく前」です。どんな場合でも、訪問すると席に通されることになるので、そこで挨拶とともに手土産を渡します。玄関先で渡すのは NG とされており、部屋の中に通してもらったあとで渡すのがマナーです。相手の顔をちゃんと見て、謝罪の場合以外は笑顔で。どんな手土産だったとしても喜んでもらいたいという気持ちは同じ。その気持ちをしっかりと込めて渡しましょう。

☑ 手土産の種類やシチュエーションによる 手渡すタイミング

- 常温の手土産の場合は、通された部屋で着座してから渡す。
- 生鮮食品などの場合で、冷蔵庫に早く入れたほうがいいものは玄関先で渡してもよい。
- 出先で会う場合は、着席して料理などを注文する前に渡す。事前にお店の人にあずかってもらい、退席時に渡すのもスマート。
- パーティーなどで渡す場合は、できれば開始前に渡す。途中参加の場合は終了後に渡す。

★ 基本の渡し方

渡す際は紙袋や風呂敷から出して渡します。手土産を取り出したら、相手から見て包装が正面になるようにして持ち、両手で渡します。「お口に合えばいいのですが」や「ほんの気持ちです」などとひと言添えると心が和みます。足の早い生菓子や生鮮食品の場合、中身が何であるかとともに、保管のコツなどを伝えましょう。紙袋は持ち帰るのが基本です。

13

弔事と慶事の基本

冠婚葬祭の基礎知識

弔事と慶事の基本を押さえておけば大丈夫

　社会人になると機会が増えるのが冠婚葬祭への出席です。いろいろとマナーが多そう、と尻込みしてしまいがちです。しかし、遅刻はしないようにする、服装の基本、香典・ご祝儀など基本さえ押さえておけば、大きな問題はありません。苦手意識を持たず、落ち着いて出席しましょう。

★ 冠婚葬祭イベントにはどんなものがあるか

冠婚葬祭は、日本古来からある4つの儀式のことをいいます。結婚式、葬儀、成人式や七五三、還暦といった人生の節目のお祝い事、法事やお盆などの祖先を祭る儀式のことをいいます。結婚式と葬儀が同日になってしまった場合は故人との関係性にもよりますが、葬儀を優先します。お祝いの言葉は後日でも伝えられますが、お別れの場はその日だけとなるためです。

☑ 冠婚葬祭イベント重要度

- 葬儀　★★★　通夜　★★　法事　★
- 披露宴　★★　結婚式　★
- 祭事　★
- 各種祝い事　★
  - ★★★＝可能なかぎり都合をつけて出席すべき
  - ★★　＝都合を合わせて出席したほうがよい
  - ★　　＝都合が合えば出席したい

★ 葬儀と法事の基本的な段取り

葬儀では、受付でお悔やみの言葉とともに香典（故人の霊前に供える金品）を渡し、記帳をします。返礼品を受け取り、順にご焼香を行います。焼香を終えたあとは、速やかに帰りましょう。法事の場合は、御仏前を持参します。数珠も忘れないようにしてください。

葬儀の主な流れ

受付

↓

香典を渡す

↓

記帳

↓

返礼品を受け取る

↓

焼香

↓

帰宅、もしくは出棺まで待機する

★ 結婚式の主な段取り

招待状が届いたら、できるだけ早く返信するようにしましょう。当日はご祝儀を持参しますが、偶数の金額は「割り切れる」ため、避けてください。新郎新婦よりも派手ではない服装で、20分から30分前には会場へ。基本は、新郎新婦やゲストと楽しく、というのが一番ですが、はしゃぎすぎないようにしましょう。

★ その他のイベントと用意するもの

社会人になると、立場や地位によっては各種イベントに招待されたり、出席を求められたりします。新人のうちは何もないかもしれませんが、キャリアを積んで出世をすると、さまざまな機会が訪れるようになるでしょう。上司や先輩が祭事に呼ばれることなどがあれば、どのように振る舞うべきか、自分の番がまわってくることも想定して、知っておきましょう。

● 社会人が出席を求められる可能性のあるイベント

地鎮祭	酒などの供え物と祝い金
落成式	花束や酒などの贈り物
叙勲祝賀会	正装必須。花束や酒などの贈り物
受賞記念パーティー	花束や酒などの贈り物

14

冠婚葬祭のマナー

冠婚葬祭は非日常の重要なシーン

　冠婚葬祭は特別な日であり、本人にとっても参列する側にとっても非日常の一日、一場面となります。マナーに気が向いてしまいがちですが、招待をされるということはその人にとって大事な存在であるということ。自分にとっても大切な人のために、ということを忘れず、相手の気持ちを尊重して出席するよう心がけましょう。

★ 冠婚葬祭の服装の基本

出席すること自体も非日常ですが、服装も普段と違うものを身に着けることになります。普段着を身に着けることはNG です。結婚式などでは「平服でお越しください」と言われる場合がありますが、カジュアルすぎる恰好は避けましょう。また女性は、素足は避け、ナチュラルなカラーのストッキングを。ファーなども避けたほうが無難です。男性はブラックスーツを中心にしたフォーマルスタイルで臨みます。

☑ 葬儀以外の服装の基本

- 女性…素足は厳禁。喪服を連想される黒ストッキングはNG。あまり肌を露出しない服装を。
- 男性…ブラックスーツが基本。ポケットチーフは白で折り方を工夫するのは○。

★ できるかぎり出席するように考える

冠婚葬祭への招待は、普段の集まりとは異なります。数少ない招待客のなかに「ぜひ来てほしい」と選んでくれたということを表しています。招待状にも、相手の気持ちとお金がかかっています。まずは、出席することが相手への気持ちに応える第一歩です。よほどの事情がないかぎりは、都合をつけ出席するようにしましょう。それだけでも相手は喜んでくれるはずです。

★ 準備は前日までにしっかり整える

当日になって慌てて準備をすると、どうしても忘れ物をしてしまい、会場で慌てることに。また、非日常であるからこそ、急に用意できないものも多くあります。何より、冠婚葬祭の場での遅刻はマナー違反になることを忘れずに。またご祝儀などのお金は事前に用意を。余裕のある気持ちで参加することが、落ち着くには何よりの効果があります。

★ 口は災いのもと。会場では発言に注意

会場に行くと、普段顔を合わせない人と再会するなどテンションが上がり気味になりますが、例えば葬儀ではあまり大声を出して再会を喜び合うわけにもいきません。また、つい懐かしさから故人や関係者の思い出話に花が咲くこともありますが、会場にはいろいろな立場の人が訪れていますし、あなたは見知らぬ人ばかりと思っていても、相手はあなたを知っていることもよくあります。口さがない噂話などをうっかり話してしまうと、誰の耳に入るかも分からないので、フォーマルな場では粛々とした態度を保ち、なんのために来たのか忘れないようにしましょう。

★ 出席できない場合は電報や贈り物を

できるだけ出席するのがマナーですが、どうしても難しい場合は電報や贈り物を送るようにしましょう。式が行われる日程と会場が分かれば、事前に電報を手配できます。贈り物はではるだけ早めに送るようにしましょう。式の1ヶ月から2ヶ月前に送るのがベスト。できれば新郎新婦に直接会って渡すようにしてください。お詫びの言葉とともに、お祝いもしっかりと伝えましょう。

15

不祝儀・弔電のマナー

訃報を受けたら

葬儀は故人にお礼をする最後の機会

　親しい人ほど、訃報には実感が湧かないものです。実感が湧かないため、葬儀に行きたくない、と思う人もいるかもしれません。しかし、葬儀は故人と会える最後の機会です。大切な人の訃報を知ったら葬儀には参列するようにしましょう。行かなかったことで、そのあと長く後悔する可能性もあります。

★ 訃報を受けたら

訃報の多くは、電話や手紙、メール、回覧板などで届けられます。近しい人ならば、電話で連絡がくるケースが多いでしょう。まずはご遺族に対してお悔やみの言葉を。電話を受けた際はその場で、メールの場合は訃報を聞いてすぐに返信しましょう。その後、お通夜や告別式の日時が伝えられた場合は参列できるかどうか確認します。参列できない場合は、後日改めて故人の家への訪問も考えましょう。

☑ 葬儀出席の優先度

- ★★★★★　　親族
- ★★★★　　直接の上司や同僚（元でも）
- ★★★　　ビジネスパートナーや取引先
- ★★　　友人、関係の深い知人
- ★　　知人や近隣住人

　※これはあくまで一般的な目安であり、故人への偲ぶ気持ちが深い場合はこの限りではありません。

★ 不祝儀の用意をする

不祝儀は香典のことをいいます。袋についても大きな違いはないので、香典でも問題はありません。最近ではコンビニなどでも販売しています。不祝儀袋は、毛筆もしくは筆ペンの「薄墨」で書きます。ボールペンや鉛筆などの使用はマナー違反になります。金額は取引先などの場合は 5,000 円程度が相場となっていますが、ご自身の気持ちによって、多く包んでも失礼には当たりません。できるだけ新札を避けて、使用感のある古札を使いましょう。

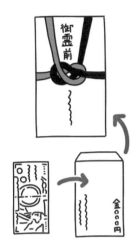

★ 弔電の送り方

弔電とは、お悔やみの言葉を送る電報のことをいいます。弔電用にデザインされた電報台紙があるので、そのなかから選んで送ります。申し込みは電話やインターネットで行えるので場所を選びません。通夜や葬儀が行われる会場に、通夜が始まるまでに届くように手配しましょう。受取人は故人ではなく、喪主になります。送る際は、忌み言葉などを使わないよう注意しましょう。

★ 直接の知らせがない葬儀に行ってもよいのか

ご遺族から直接参列のお願いがない場合の葬儀は、行かないようにしましょう。連絡を受けていないにもかかわらず参列することで、ご遺族への負担を増やすことになりかねません。また、訃報を受けたとしても、葬儀の会場や日時の案内がない場合は参列しないのがベストです。葬儀の知らせを受けていない人を伴って参列することも NG です。

16 葬式当日のマナー

遺族の気持ちに寄り添い、故人に感謝を伝える場

　訃報は誰にとってもつらいもの。葬儀への出席もさまざまな想いが去来するでしょう。ただ、最もつらい思いを抱えているのは遺族だということを忘れずに。取り乱したりせず、遺族の気持ちに寄り添った挨拶をするように心がけてください。そして、最後の場となる葬儀で、故人への感謝をしっかりと伝えるようにしましょう。

★ 葬式当日の身だしなみ

基本は黒です。男性は黒のフォーマルスーツに、靴も黒。女性の場合は黒のスーツかワンピースです。ストッキングも黒ですが、急なことで用意できなかった場合はベージュなどナチュラルなカラーでもかまいません。スーツを着る場合は、フリルがついていたり、透けているシャツは避けてください。アクセサリーは外しておくのが無難（パールのみ着用可）です。靴はフォーマルなもので、光沢があるものは避けましょう。

☑ 身だしなみチェックポイント

- 黒のスーツである
- パール以外のアクセサリーをつけていないか
- 靴は黒で光沢はないか
- 香典や数珠は持ったか

★ 受付での振る舞い

参列する際には、受付での挨拶は手短に済ませるようにしましょう。「心よりお悔やみ申し上げます」などにとどめて、忌み言葉などは言わないように気をつけてください。大きな声は厳禁です。トーンは抑えるようにしてください。香典は袱紗(ふくさ)から取り出し、相手側に向けて提示します。芳名帳(ほうめい)に記名するように言われた場合は、住所と氏名を書いてください。

★ 故人との最後の対面（仏式の場合）

喪主から順にお焼香を行っていきます。遺族と僧侶へ一礼したあと、焼香台の前に進み、遺影に向かって再び一礼します。お焼香をする際は、右手の親指と人さし指、中指で抹香(まっこう)を摘んで香炉(こうろ)へと移します。作法は宗派によって異なるので、故人か自分の作法に合わせましょう。最後に故人の冥福を祈り、合掌します。最後のお別れとなるので、心の中でメッセージを伝えましょう。

★ 用意されたものは口をつける

葬儀では参列するタイミングによって食事が出されます。火葬後に「精進落とし」が振る舞われる場合があります。一人一膳の仕出し料理や、寿司、懐石料理などが振る舞われますが、基本的には口をつけるようにしましょう。また、喪主の挨拶のあとに、献杯が行われます。喪主の発声とともに、参列者も杯を持ち上げます。隣の人と杯を触れ合わせたり、拍手をするのはマナー違反になります。

★ 香典返しを受け取って帰る

すべて終わったら、香典返しをいただいて帰ります。受付の際に整理券を渡される場合があるので、帰るまでなくさないようにしましょう。香典返しはご遺族のお気持ちになるため、きちんと受け取って帰るのもマナーです。

結婚式の招待を受けたら

出欠席の連絡はスピーディーに

　結婚式の招待状が届いたら、必ず期限までに返信するのが最低限のマナーです。できれば、なるだけ早く返信をするようにしましょう。新郎新婦は招待状の返信によって出席者の人数を把握するため、届いてから2〜3日以内に送るのがベストです。メールなどで先にお祝いとともに出欠を連絡するのもよいでしょう。

★ 結婚式の身だしなみ

男性の場合は、ブラックスーツやダークスーツを。白やライトグレーは新郎とかぶってしまう可能性があるので避けましょう。女性の場合は以下のように注意すべき点が多いので確認しておきましょう。

☑ 女性の服装のNG例

- 全身が白or黒にならないよう、羽織り物やバッグなどで避ける。
- ひざ上10cm以上のミニ丈、胸の谷間や背中見せ、肩出しなど肌の露出は控える。ノースリーブには羽織り物を。
- アニマル柄、ファーを使ったバッグや普段使いのバッグはNG。
- 生花のアクセサリーや腕時計はNG。ネックレスは白のパールに。
- 素足やカラー（黒含む）タイツはNG。ベージュのナチュラルストッキングに。

★ 招待状の返信を出す

いざ返信を、と思ったものの、返信にもいろいろとマナーがあります。できれば筆記用具は毛筆、筆ペン、黒インクの万年筆などで。宛名面の「行」や「宛」は二重線で消し、「様」を書きます。ハガキ裏面にある「御出席・御欠席」なども「御」を二重線や「寿」の字で消します。さらに、お祝いのメッセージを添えると喜ばれます。仲のよい友人であればイラストなどを書き加えても OK。

★ ご祝儀にいくら包むのか

結婚式に忘れてはならないのがご祝儀です。割り切れてしまう偶数にはせず、奇数にしましょう。友人は3万円が相場ですが、相手との関係性によって金額が変わっていきます。職場の同僚には2万円から3万円ですが、部下には3万円から5万円、兄弟、姉妹、いとこなどの親族は5万円程度になります。親族は少し高めになっています。おめでたい席なので、多い分にはかまいません。

✅ ご祝儀の相場

● **友人、同僚　3万円** ● **部下　3〜5万円**
● **親族　5万円**

　　※夫婦で招待された場合は、ご祝儀2人分の6万円でなく5万円

★ 引き出物カタログは早めに注文

近年、主流となっている引き出物カタログ。ゲストは好きなものを選ぶことができ、新郎新婦はセンスのいいものを選ばなければならないというプレッシャーから解放されるということもあり、重宝されています。ただ、引き出物カタログには期限があります。じっくり選んでいるうちに期限が切れていた、なんていうことも。忘れないうちに早めに注文するようにしましょう。

迷惑をかけない

お見舞いのマナー

本人や家族の希望を最優先に考えて

　具合が悪くなった、ケガをした、などと聞けば心配になってしまうのは当然のことです。一刻も早く、お見舞いに行きたい、と思うかもしれませんが、迷惑になってしまう可能性があることを忘れずに。家族や本人に許可をもらってからのお見舞いがベストです。自分の都合で勝手にお見舞いに行くのは絶対に避けるようにしましょう。

★ まずは家族や身内の方に連絡する

入院したと聞いた際、詳しい状況は分からないものです。しかし、間違っても本人に連絡をとるのは避けましょう。対応できる状態か分かりませんし、連絡が来ることがストレスになる場合もあります。まずは家族や身内の方に連絡をするようにしましょう。話していただける範囲で状況を聞き、お見舞いに伺っても大丈夫か確認します。本人の状況を話してもらえないときは、しつこく聞くのも NG です。まだはっきりしたことが言えないのか、言いたくない場合もあります。最優先するのは、家族や本人に負担をかけないことだと忘れないようにしましょう。

★ 病院のルールを厳守し、短時間にとどめる

病院に行く際は、必ず定められた面会時間に行くようにしましょう。それ以外の時間は、病院なりのスケジュールがあります。また、面会を許されたからといっても長居は禁物。入院中ということで、いつもと異なる環境の中、疲れがたまっている可能性もあります。また、大部屋だと、ほかにもお見舞いに来ている人はいます。同室の方にも迷惑がかからないように気をつけることも必要です。

★ 持参するお見舞い品の選び方

お見舞いの品は、相手がどういう状況かが大きなポイントになります。普段の体調と異なる状態だということを忘れずに。例えば、食事制限がある病気で入院をしている場合は、食べ物は NG です。食べ物を持っていくにしても、日持ちがするものを選びましょう。入院生活でも使えたり、ちょっとした楽しみができるようなものや、友人たちや同僚からの寄せ書きも喜ばれます。

★ ダークすぎない服装で行く

お見舞いに行く際は日常の延長かもしれませんが、少しだけ服装に注意するようにしましょう。ラフすぎるものや、露出が多いもの、派手なものは避けたほうがベストです。グレーやブラウン、ベージュなどの落ち着いた色味の服を選ぶと安心です。ただ、黒や紺はお葬式を連想してしまうので NG です。お相手がよくても、ほかの入院患者さんが嫌な思いをする可能性があります。

★ お見舞いの禁句とは

基本的にお見舞いの場では力づけるような言葉をかけるようにしましょう。「元気そうでよかった」「退院したら○○に行きましょう」など前向きな言葉も OK。

☑ お見舞いの3大NGワード

- ● **重ね言葉**→「度々」「ますます」など傷病が再び訪れることを意味するため。
- ● **仕事の話**→休職を心苦しく思っているため、心配をかけないように避ける。
- ● **同情の言葉**→「かわいそう」「大変だね」などは不安な感情を想起させてしまうため。

★ お見舞いを受けた側の返礼は

「病気をあとに残さない」という意味を込めて、お見舞いの返礼品を必ず送るようにしましょう。消えものがベストなので、飲み物や焼き菓子のほか、洗剤やせっけん、入浴剤も OK。タオルも消耗品に当てはまるのでおすすめです。何にするか迷ったときは、カタログギフトを送るのも一案です。

海外で気をつけたいマナー

国ごとのタブーと文化の違い

グローバル化で外国の会社との取引も増えています。日本では常識でも、海外では非常識なことはたくさんあります。海外のビジネスマナーに慣れるためには、相手の文化や習慣に敏感であることが大切です。日本のマナーや習慣が海外では違った意味を持つことを理解し、柔軟に対応することが求められます。ビジネスシーンでの成功のために、異文化への理解を深めましょう。

◆ アメリカのビジネスマナー

アメリカでは、時間厳守が重要です。ビジネスでの遅刻やキャンセルは避けましょう。会議の場に早く到着しすぎるのも NG です。また、ポジティブなコミュニケーションが好まれます。謙遜だとしてもネガティブな態度をとるのはやめましょう。

◆ アジアのビジネスマナー

アジア、特に韓国や中国では、年功序列や敬意を示すことが重要です。挨拶には握手が一般的ですが、コロナウイルスの影響もあり、拱手（きょうしゅ）という自分の拳に手を当てる動作を握手代わりにする人も多くなっています。

世界の名刺交換スタイルは事前に調べておく

名刺交換は国によりマナーが異なります。アメリカや中国などでは、面談の最初に名刺交換をしない場合も多いです。相手がそもそも名刺を持っていない場合や、電子名刺を利用するケースもあります。各国の名刺交換マナーを事前に調べましょう。

日本の相槌、海外では不快？

日本の相槌は、会話中に相手が話していることに同意や理解を示すために使われますが、海外ではこの相槌が不快に感じられることがあります。特に英語圏では「なるほど」「そうですね」と相槌を繰り返していると、話を邪魔していると怒らせてしまう場合があります。

また、相槌の意味にも注意が必要です。「はい」や「うん」といった相槌は、同意を示す言葉としてとらえられる国も多いため、ビジネスの契約の場で誤解を生む可能性があります。

Chapter

5

電話・メール・ビジネス文書のマナー

仕事をする上で基本の連絡手段である「電話」と「メール」。基本的なマナーとともに、効果的に扱うコツを押さえておきましょう。また、社会人になるとさまざまな文書を作成することになります。基本的な書き方も紹介していますので、参考にしてください。

声のコミュニケーション

電話のかけ方

電話をかけるときは相手の時間を奪う覚悟を決める

電話をかけるときは、相手の時間を奪うことを念頭に置いておきましょう。現在、時間をとることができるかを確認し、忙しそうであれば、時間をおいてあらためて折り返すと伝えます。かける前にはメモを用意し、用件をまとめてからかけるようにします。相手の話を聞くときは、その場でメモをとりながら話を聞くとよいでしょう。

★ 電話をかける前の準備がいちばん大事

かける目的や内容を明確にし、必要な資料やメモを用意しておきましょう。電話をかけるときには落ち着いた状態で話します。電話は「声」だけでコミュニケーションを行うため、声のトーンは重要です。

☑ 電話の前のチェックポイント

- 相手の電話番号を確認する
- 必要な資料やメモを用意する
- 周囲の環境を整える（騒音や雑音がないか、会話に集中できるスペースを確保するなど）
- 電話をかける時間を確認する（相手の仕事の忙しい時間帯や、私用の時間帯などを避ける）
- 目的や用件を明確にする（何のために電話するのか、何を尋ねたいのかなど）

★ まず自分がどこの誰なのか名乗る

電話をかける際には、まず自分がどこの誰なのかを明確にすることが重要です。「△△会社営業部の鈴木と申します」と所属と名前を自己紹介すると、相手は誰からの電話なのか把握できます。また、今まで関わったことのない相手に電話する場合は、自己紹介に加えて電話をした目的を明確に伝えましょう。

★ 相手が不在のときはあとでかけ直すのが基本

相手が不在だった場合、あとで再び電話をすることが基本です。留守番電話に切り替わった場合は、そのまま切ってしまわず、メッセージを残しておくことが望ましいです。会社名と名前、用件を簡潔に伝えましょう。別の人が電話に出た場合には、相手が在社の時間を確認し、「こちらからまたお電話いたします」と伝えましょう。

☑ 伝言を頼む場合に伝えるべきこと

- 自分の会社名と氏名
- 電話をした用件の内容（簡潔に）
- あとでまたかけなおすこと（何日の何時か）

★ 相手につながったとき

自分が誰なのか、どんな用件で電話をかけたのかを明確に伝えます。相手の状況を確認し、話をすることができない場合は、あらためて連絡する時間を相談します。

☑ 電話で話すときのチェックポイント

- 用件を話す前に自己紹介をする
- 相手の忙しそうな時間帯を避ける
- 簡潔かつ明瞭に話す
- 必要に応じて、次にとるべき行動や連絡先を確認する
- 電話終了前に感謝の言葉を述べる

切る時は指で

02 会社のイメージを高める

電話のとり方

電話を受けるとき、あなたは会社の顔

　電話を受けるときは、その瞬間からあなたが会社の顔になっていることを意識しましょう。丁寧な挨拶と応対を心がけ、相手が用件を話しやすいように気遣いましょう。また、電話をとる前には気持ちを整えることも大切です。電話対応が丁寧かつ迅速であることは、会社のイメージを高めるためにも非常に重要なポイントとなります。

★ 出るときは3コールで

電話に出るときは、相手を待たせすぎないように、3回のコールまでに出るように心がけましょう。どうしても3コール以内に出ることができなかったときには「おまたせいたしました」と、社名を名乗る前に相手に話します。かかってくる電話の数に対して、対応する人数が明らかに不足している場合は、留守番電話や自動音声による応答を検討します。

☑ 電話に出るときのチェックポイント

- 3回のコールまでに素早く出る
- 会社名・部署名・自分の名前を言う
- 相手の名前を聞き取る(確認できる場合は会社名も)
- 相手が何の用件でかけてきたのかを確認する
- 用件をメモにとり、最後に復唱して相手に確認する
- 締めくくりに挨拶をし、相手が電話を切ってからこちらも切る

★「お世話になっております」は会社を代表して

ビジネス電話においては、最初の挨拶が非常に重要です。一般的には「お世話になっております」という挨拶がよく使われますが、これは自分自身を表すだけではなく、会社を代表しての挨拶としてとらえるべきです。電話口に立つ人物は、会社の顔としての役割を担っていることを忘れずに、その立場にふさわしい応対を心がける必要があります。

★ 誰からの電話なのかは必ず聞き出す

電話を受けたら、まず相手が誰なのかを確認するようにしましょう。具体的には「お名前を伺ってよろしいでしょうか」と聞きます。営業電話などで、相手が自分たちの会社名を言わずに話を進める場合や、相手がうっかり名乗ることを忘れている場合もあります。電話を終える直前に名前を聞くよりも、最初に確認したほうが相手に対する印象がいいです。

★ 受けた電話は先に切らない

相手との話が終わったら、先に自分が電話を切るのではなく、相手から電話を切るまで待ちましょう。「ありがとうございました」と丁寧に挨拶をしてから切るようにします。ただし、相手側も「先に電話を切らないようにしなければ」と考えている場合もあります。相手の時間を無駄に浪費してしまうことになるので、ほどほどのところで電話を切っても大丈夫です。

03 取り次ぎのやり方

流れを覚えれば簡単

取り次ぐときは必ず一旦保留にすること

職場の固定電話機には、ほとんどの場合「保留」ボタンがあります。電話でほかの人に取り次ぐ場合、相手に電話をまわす前に一旦保留にすることが大切です。保留ボタンを押して電話を保留状態にすると、電話をかけてきた相手には音楽や自動メッセージが流れます。「代わりますのでしばらくお待ちください」と電話相手に伝えてから、保留ボタンを押しましょう。

★ 取り次ぎの段取りはスムーズに

まずは電話をかけてきた相手に、担当者に取り次ぐことを伝えます。その後、電話を保留状態にし、担当者に電話をつなぎます。多くの企業の電話には「内線」ボタンや「転送」ボタンがあります。電話を保留にした状態で内線や転送を用い、担当者に電話をつなぎます。固定電話に慣れていない場合は、上司や先輩に頼み、一度は練習をしておくとよいでしょう。

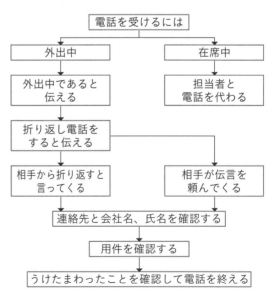

電話取り次ぎの一般的なフローチャート

```
           電話を受けるには
        ┌──────┴──────┐
      外出中            在席中
        │                │
   外出中であると      担当者と
     伝える          電話を代わる
        │                │
  折り返し電話を          │
   すると伝える           │
        │                │
  相手から折り返すと   相手が伝言を
    言ってくる        頼んでくる
        └──────┬──────┘
      連絡先と会社名、氏名を確認する
                │
           用件を確認する
                │
   うけたまわったことを確認して電話を終える
```

★ 担当者がいる場合

相手が担当者を指定している場合、ただちにその担当者につなげることが望ましいです。相手の会社名と名前を確認し、電話を一旦保留状態にしてから担当者につなぎましょう。内線電話を担当者につなぎ、誰から電話がかかってきたのかを伝えます。もし、担当者と席が近く、内線電話をつながずとも声が届くところにいる場合は、対面で伝えてもよいでしょう。

★ 担当者が社内に不在の場合

担当者が不在の場合、「○○は席を外しております」と伝え、「お急ぎですか?」とひと言添えながら、伝言をうけたまわるか、担当者に折り返し連絡をさせるか、相手に委ねます。相手が「こちらから折り返します」と言ってきた場合は、その旨をメモに残しておき、担当者に伝えます。メモを残すときは、担当者、相手のお名前、会社名、電話番号、内容、自分の名前を残します。

★ 担当者が社内にいる場合

担当者が社内にいる場合でも、重要な会議中であったり、別件で手が離せなかったりする場合もあります。その場合には、担当者が「社内にはいるが電話に出られない状態」であることを相手に伝えます。その上で、担当者から電話を折り返すか、伝言をうけたまわるかを確認しましょう。電話の内容をメモにとり、急ぎの用件の場合は、担当者が会議中でもメモを渡す場合もあります。最近は直接メモを渡さずとも、チャットアプリなどで連絡をとる方法もあります。

★ 伝言をうけたまわる場合

相手のお名前、会社名、電話番号、用件を確認し、簡潔にメモをとりましょう。伝言を正確に担当者に届けられるようにすることが大切です。また、必要に応じて、相手に折り返し連絡する旨を伝えます。メモが走り書きになった場合は清書をして担当者に渡します。メールやチャットアプリなどで連絡をしたり、ICTツールで伝言を残したりすることも可能です。

電話・メール・ビジネス文書のマナー/取り次ぎのやり方

04 電話で役立つフレーズ集

定型文で覚える

どんな相手にも礼節をもって接する

　ビジネス電話では、相手の立場や職種にかかわらず、常に丁寧な口調で接することが大切です。例えば「お世話になっております」という挨拶や「失礼ですが、お名前を伺ってもよろしいでしょうか？」という確認フレーズを使うことで、電話口でも丁寧な印象を与えることができます。相手の発言に対しても丁寧な返答を心がけましょう。

★ 相手の用件がよく分からない場合

相手の用件がよく分からない場合は「申し訳ありません、お手数ですがもう一度ご説明いただけますか？」と丁寧にお願いしましょう。また「ご確認したいことがあるのですが、よろしいでしょうか？」というように、相手に了承を得ることも大切です。相手の立場や状況を理解し、失礼のないように、適切なコミュニケーションをとりましょう。

お役立ちフレーズ
「大変お手数ですが、もう一度ご説明いただけますか？」
「いくつかご確認したいことがあるのですが、よろしいでしょうか？」

---

column　間違い電話だった場合

間違い電話だった場合は、相手にその旨を簡潔に伝えましょう。例え間違い電話であったとしても、会社とすでに関わりがあったり、今後関わったりする可能性もあります。相手が誰であれ、電話口では丁寧な対応を心がけます。

★ 途中で電話が切れてしまった場合

電話が途中で切れた場合は、再度電話をかけ直します。基本的には「電話をかけた側からかけ直す」のが電話のマナーですが、相手からかけ直してこない場合、こちらから電話をかけてもよいでしょう。もし、相手の電話番号が分からない、調べることができない場合は、相手から再度電話がかかってくるのを待ちます。

お役立ちフレーズ

「先ほどはお電話が途中で切れてしまい、大変失礼いたしました」
（どちらが原因で電話が切れたかわからなくとも、一旦は謝罪します）

★ 相手の言葉が聞き取れなかった場合

電話で相手の言葉が聞き取れない場合は、こちらの電話回線の状態が悪いかもしれないという可能性も伝え、その上で「もう一度お願いします」と丁寧に伝えることが大切です。

お役立ちフレーズ

「申し訳ありません、もう一度お伺いできますか？」
「恐れ入りますが、電話のお声が遠いようです」

★ 相手が営業電話の場合

相手が営業電話である場合、まずは早いタイミングで用件を聞き出すことが大切です。必要がなければ丁寧かつ毅然とお断りしましょう。営業電話であれば相手が食い下がってくる可能性が高いので、「必要があればこちらからお電話いたします」と伝えましょう。

お役立ちフレーズ

「恐れ入りますが、どのようなご用件でしょうか？」
「せっかくのご紹介ですが、現在は新規取引の予定はありません」

適切なタイミングを計る

携帯・スマホのマナー

かけるときも出るときも「気遣い」が大事

　携帯やスマートフォンからの電話は、かけるときも出るときも気遣いが大切です。かける前には、相手が忙しい時間帯ではないか、周囲に迷惑がかからないか、状況に合わせて適切なタイミングでかけましょう。出るときにも周囲の状況を確認し、場合によっては通話する場所を移動します。また、携帯電話は周囲に迷惑がかからないようにマナーモードにしておきましょう。

★ 携帯電話からかけるときはきっちり準備する

携帯電話から電話をかける場合は、電波状況を確認し、地下など電波の届きづらい場所ならば移動しましょう。公共の場での通話は、周りの人々に迷惑をかける可能性もあります。通話エリアがある場合はそこに移動します。ホテルのロビーや静かな店では、電話をかけていいのかスタッフに確認をします。携帯電話は、自分だけでなく周囲の人々にも気配りが必要です。通話中にバッテリーが切れてしまうと、相手に失礼です。自分の携帯電話のバッテリー残量を確認しておきましょう。

☑ 携帯・スマホからかけるときの確認事項

- 環境を確認する（騒音や混雑していないかなど）
- 電池残量を確認する
- 相手の電話番号を確認する
- 必要に応じて事前に資料やメモを用意する
- 相手が応答できる時間かどうかを確認する（相手のスケジュールや状況など）

★ 携帯にかかってきたときは

携帯電話に電話がかかってきた場合は、まず周囲の状況を確認し、迷惑をかけないように対応しましょう。あらかじめマナーモードに設定する、静かな場所に移動する、相手に移動する旨を伝えるなど、状況に応じて対処しましょう。移動中の電車内であったり、音が途切れたりしそうな場合には、落ち着いた場所からかけ直すことも検討します。

★ 自分と相手がどこにいるか意識する

携帯やスマホで通話する場合は、自分自身がどこにいるか、相手がどこにいるかを意識しましょう。大きな声で話す、公共の場所で通話するなど、周囲の人々に迷惑をかけてしまわないように注意しましょう。また、周囲に人がいる場所で大切な仕事の内容を話すのは NG です。守秘義務がある可能性も考え、静かな場所や通話ブースに移動しましょう。

★ 知らない番号からかかってきたら

知らない番号からかかってきた場合、まずは自分の名前を名乗る前に「お電話ありがとうございます。失礼ですがお名前を伺ってもよろしいでしょうか」と丁寧に返答しましょう。名刺交換などで電話がかかってくる可能性がある場合には、あらかじめ相手の電話番号を登録しておくと失礼がありません。非通知からの電話は、迷惑電話や勧誘の可能性が高いので注意しましょう。

★ 他人の携帯番号は教えないのがマナー

同僚や取引先の相手など、自分が相手の携帯番号を知っている場合でも、その番号を他人に教えることはマナー違反です。相手からの許可がある場合を除き、社用でもプライベート用でも携帯電話番号の扱いは慎重にしましょう。また、許可を得て電話番号を人に伝える際は、聞かれて困る人が周りにいないかを確認しましょう。社内で連絡先を共有する場合、携帯電話ではなく会社の番号を記載します。

169

手軽なコミュニケーションツール

メールのマナー

Eメールはずっと残る可能性を覚悟して送る

　Eメールは送信後も相手の手元に残ります。そのため、送信前に何度も文面を確認し、誤字・脱字がないか、相手に誤解を与えるような表現はないかなど、細心の注意を払うことが大切です。また、メールで送る情報によっては、暗号化する、ダウンロード用の添付ファイルにパスワードをかけ、パスワードは電話で伝えるなどのセキュリティ対策を行う必要があります。

★ Eメールを送る理由

Eメールの最大の利点は、手軽に送受信ができることです。場所や時間を問わず、相手に情報を共有できるため、コミュニケーションの効率を上げることができます。

☑ メールのメリット

- 文章で伝えるため、正確に伝えられる
- 添付ファイルなどの情報を簡単に共有できる
- 複数の人に一斉送信することができる
- 受信者が都合のよい時間に確認・返信できる

☑ メールのデメリット

- 文章だけで伝えるため誤解を招きやすいことがある
- 相手がメールを見落としていたり、返信が遅れたりすることがある
- セキュリティ上のリスクがある
- ネットワーク上のトラブルで届かないことがある

★ 初めてのメールを送るときは

初めてのメールを送るときは、丁寧な挨拶から始め、自己紹介や用件を簡潔にまとめます。初回では、急ぎの返信を期待するような文面は避けましょう。メールでは簡潔な文章が好まれる傾向にありますが、相手によっては敬称を使うことや、フォーマルな文章を求められることもあるため注意しましょう。ファイルを添付する場合は、ファイル名や形式なども確認します。

☑ 初メールのチェックリスト

- ☐ 宛先は間違いないか、メールアドレスの@などが全角になっていないか
- ☐ 文章が分かりやすく、明瞭かつ丁寧な表現になっているか
- ☐ 文面に受信者に不快感を与える表現がないか
- ☐ 添付ファイルがある場合、ファイルが正しいものかどうか
- ☐ ファイルの容量が大きすぎないか
- ☐ 本文の最後に挨拶と署名を入れているか

★ 知らない相手にメールを送るときは

知らない相手にメールを送るときは、自己紹介のあとに、送信理由を明確にすることが大切です。また、個人情報や機密情報などの重要な情報を送信しないように注意しましょう。宛先を間違えていないか、相手が信用できるかどうかを確認するため、受信確認の返信を待つことも推奨されます。返信がない場合には、日をおいてから電話で確認してもよいでしょう。

★ 電子メールの弱点を知っておこう

電子メールには、不正アクセスやデータの改ざん、漏洩などのリスクがあります。そのため、個人情報や機密情報などの重要な情報を送信する際には、適切な暗号化技術を使用することが重要です。メールの送信相手はICTが苦手な場合もあります。ウイルスに感染しないよう、セキュリティ対策やフィルタリング機能を有効にすることも大切です。

★ CC と BCC

メールで複数の人に同時に送信する際、To（宛先）のほかに CC（カーボン・コピー）と BCC（ブラインド・カーボン・コピー）を利用することができます。CC は、受信者が自分以外の誰にメールが送られたのかを確認できます。BCC は、受信者に自分以外の誰に同じメールが送られたのかを、分からないようにする場合に使用します。

★ タイトルの書き方

メールのタイトルは「件名」ともいわれます。タイトルはどのようなメールなのかを確認するために使います。具体的な内容を簡潔にまとめ、分かりやすく伝えるようにしましょう。重要度や緊急度を示すために「重要」や「緊急」といったキーワードを入れる場合もありますが、それほど重要でもないのにむやみに「重要」と件名に入れるのはやめましょう。

★ メール本文の書き方

まず挨拶から始め、用件や目的などを明確に伝えましょう。また、分かりやすく伝えるために箇条書きや改行を活用するとよいでしょう。メールでは紙のビジネス文書よりも簡潔な表現が好まれる傾向にあります。参照リンクなどを貼り付ける場合には、URL だけでなく、サイト名も表記しておくと親切です。最後に署名を入れ、必要に応じファイルなどを添付します。

☑ メール本文の書き方のコツ

- まずは挨拶から始める（例：こんにちは、お世話になっております）
- 主題を明確にし、簡潔にまとめる
- 細かく分けて箇条書きにすると読みやすくなる
- 誤字・脱字がないか確認する
- 読み手に不快感を与えるような表現や言葉遣いは避ける
- 添付ファイルがある場合は、ファイルの説明を添える

★ 署名は電子の名刺でもある

電子メールでは、署名が名刺代わりとなります。自分の名前や連絡先を明確にし、相手が返信しやすくなるような情報を含めることが大切です。署名は、Eメールのいちばん下に挿入することが多いため、自分のプロフィールや、会社のウェブサイトなどへのリンクを載せることで、相手にアクセスしてもらう機会を増やすこともできます。

☑ 署名に入れたい要素

- 会社名
- 部署名
- 氏名
- 電話番号・FAX番号
- メールアドレス
- 会社の所在地
- ウェブサイトのURL

株式会社○○○○○
営業部二課
丸山太郎（Maruyama Taro）
MOBILE：5678-000-1234
MAIL：maruyama-taro@○○○○○.jp
ADDRESS：〒102-8177 東京都千代田区○○町 1-1-1
HP：https://www. ○○○○○ .jp

★ 送信前のひと呼吸を忘れずに

メールを送信する前に、一度自分で文章を読み返し、誤字や脱字がないか、誤解を招きやすい表現はないか、内容が明確かどうかなどを確認することが大切です。また、感情的な内容になっていないか、時間をおいてからあらためて見返します。送信前にひと呼吸おくことで、トラブルや誤解を回避することができます。

☑ 送信前のチェックリスト

- ☐ 宛先が正しいかどうか確認する
- ☐ CCやBCCが間違っていないか確認する
- ☐ 件名が適切であり、書き忘れがないか確認する
- ☐ 誤字や脱字、文法のミスがないか確認する
- ☐ 必要なものがすべて添付されているか確認する

返信・転送・添付

Eメールは最も古いICTツール

Eメールは、インターネットの黎明期から使われている最も古い ICT ツールのひとつです。長い歴史を持つEメールには、返信や転送、添付ファイルなど、便利な機能があります。多くの企業や個人に普及しているため、Eメールでの連絡は相手との交流をスムーズにし、業務効率を向上させることができます。ただし、セキュリティ対策にも注意が必要です。

★ Re.Re.Re. はどこまで重ねる?

返信メールの件名に「Re」をつけることで、履歴が残るようになりますが、何度も重ねてしまうと Re.Re.Re.Re.Re.Re. などと件名に続いてしまい、混乱を招きます。厳密なルールはありませんが、一般的には、3〜4回程度までが限度とされています。また、過去の履歴が必要でない場合は、一度クリアして新しい件名で送信することを検討しましょう。

★ 返信時の宛先に注意する

返信メールを送る場合、必ず正しい宛先に送信するように注意しましょう。誤った宛先に送信してしまうと、情報漏洩の原因になります。返信先が複数人いる場合は、個人情報の保護に配慮して「BCC」を使用することも検討しましょう。担当者同士でやりとりしていたメールも、途中から上司に情報共有してもらう必要が出てきた場合、CC に上司を追加してメールを送ることもあります。その場合、「自分との関係性」「情報共有が必要な理由」を説明した上で送信します。

★ 転送メールの使い方

転送メールは、自分が受け取ったメールをほかの人に転送するものです。転送先によっては情報漏洩につながることもあるため、慎重に利用する必要があります。転送時には、そのメールを転送した理由を追記したほうがよいでしょう。転送メールは自分で本文を書かずにすみ便利ですが、何度も多用してしまうと、相手に迷惑をかける可能性があります。

★ 添付書類で注意すること

メールに添付書類をつける際には、ファイルサイズや形式に注意する必要があります。ファイルサイズが大きすぎると相手の受信トレイがいっぱいになってしまう可能性があるため、必要最小限のサイズに抑えるようにしましょう。ファイルの名称も分かりやすくしておきます。また、相手が利用しているソフトウェアやファイル形式に合わせて添付するようにしましょう。

☑ 添付書類チェックリスト

☐ **ファイル名を確認したか**
☐ **ファイル形式を確認したか**
☐ **ファイルサイズを確認したか**
☐ **ファイルのセキュリティスキャンを行ったか**
☐ **機密情報の場合は必要に応じてパスワードをかけたか**
☐ **送信先が添付ファイルを開くための必要条件を満たしているか確認したか**

★ 大容量ファイルはほかの手段で送る

大容量のファイルは、メールで送信すると受信トレイを圧迫し、送信や受信に時間がかかる可能性があります。そのため、大容量のファイルを送信する場合は、ファイル共有サービスやクラウドストレージを使用することをおすすめします。Google Drive、Dropbox、データ便などがあります。受信者がアクセスできるように共有設定を確認しましょう。

テンプレを活用する

メールの定型文

テンプレを駆使して効率アップ

定型文をあらかじめ用意しておくことで、送信や返信のスピードを早めることができます。例えば、定型的な依頼には「お疲れさまです。XXについてお聞きしたいのですが、お忙しいところ恐れ入りますが、回答いただけないでしょうか？」などの文章を用意することができます。問い合わせのメールも短時間で返信することができれば、顧客の信頼を得ることができます。

★ よく使う定型文を作っておくと便利

よく使う定型文を事前に作成しておくと、メールの作成時間を短縮できます。例えば、挨拶や署名、お礼や謝罪の文面などは定型化できます。また、同じ種類の問い合わせや回答が多い場合には、その内容をテンプレートとして保存しておくことで、返信の作成時間を大幅に削減できます。ただし、使用する際には、受信者の状況に合わせて適切に編集することが重要です。

☑ メールテンプレートの作り方と使い方

テンプレートの作り方
- よく使う文章をリストアップする
- 本文を書き、可変部分を[　]などで囲む
- テンプレートとしてメーラーに保存する

テンプレートの使い方
- メールを作成する際にテンプレートを選択する
- 可変部分を必要に応じて編集する

★ アポイントをとるときのメール

アポイントをとるときのメールは、相手のスケジュールを確認してから日時を提案することが大切です。また、件名には目的を明確に記載し、本文では目的や場所、持ち物などの詳細を記載するとよいでしょう。最後に、相手に返信を促すような締めくくりをつけることで、スムーズにアポイントをとることができます。

件名: 新商品のご紹介について

> 簡潔に目的を伝えるようにする

XXX様

お世話になっております。YYY株式会社のZZZと申します。

> 会社名や名前を明確にする

この度は、新商品ご紹介のお時間を取らせていただきたくご連絡差し上げました。

お忙しいところ大変恐縮ですが、以下の日程でお会いできますでしょうか。

【希望日時】
・3月15日（月）13:00 〜
・3月17日（水）10:00 〜
・3月18日（木）15:00 〜

> 日程は余裕をもって提案し複数の日程を提示する

ご都合のよろしい日程がございましたら、ご回答いただけますと幸いです。

また、場所につきましては、弊社オフィスにてお願いできますでしょうか。

何卒よろしくお願い申し上げます。

> 場所についても明確に伝える

＝＝＝＝＝＝＝＝＝＝＝＝＝
署名
＝＝＝＝＝＝＝＝＝＝＝＝＝

> 最後に署名を添える

ビジネス文書とは

簡潔に述べて、正確に伝えるための文書マナー

ビジネス文書は、簡潔かつ正確に述べることが求められるコミュニケーションツールです。業務で使用される書類や報告書などがこれにあたります。書類の作成にあたっては、正式な書式を守ることや、敬称の使用、文体の統一などのマナーがあります。社内独自の文書フォーマットを用いる場合もあるので、上司に確認をしましょう。

★ 仕事で使う文書にはどんなものがあるのか

社内文書としては、報告書や議事録、通達、始末書などがあります。一方、社外文書としては、案内状、紹介状、あいさつ状、請求書、契約書などがあります。

● ビジネス文書の種類と分類

社内文書	
報告書	業務の進捗状況や課題などをまとめたもの
議事録	会議の議題や内容、決定事項を記録したもの
連絡文書	社内の情報や連絡事項を共有するための文書
社内規定	企業の規則や制度などをまとめたもの
指示書	上司から部下への業務指示を記載した書類
稟議書	経費や予算、人事異動などの承認を求める書類
企画書	業務改善や新規事業の企画内容をまとめたもの

社外文書	
案内状	イベントやセミナーなどの案内を出すための文書
あいさつ状	挨拶や礼状などを社外の方に送る文書
契約書	取引先との契約内容や条件をまとめた書類
注文書	取引先からの注文内容や納期、数量などをまとめた書類
見積書	商品やサービスの提供に必要な費用や料金を見積もった書類
請求書	商品やサービスの提供に対して請求する金額をまとめた書類

★ 社内文書を作るときは

社内文書を作成する際には、必要な情報を整理してから作成することが重要です。また、文書の種類によっては、特定の形式や文言が必要になる場合もあります。そのため、事前に作成ガイドラインやテンプレートを確認しておくことが有効です。

☑ 社内文書のポイント

- 目的を明確にし、必要な情報を簡潔かつ具体的に伝える
- 社内用のフォーマットやテンプレートがあればそれを利用する
- 上司や同僚にダブルチェックしてもらう

★ 社外文書を作るときは

社外文書を作成する際には、相手先や目的に合わせた内容と、分かりやすい言葉遣いが求められます。また、正確で詳細な情報を記載することが重要です。取引先との契約書や見積書、請求書などは、法的な問題が生じる可能性があるため、注意深く作成する必要があります。

☑ 社外文書のポイント

- 要点を明確に伝えるために、簡潔な表現を心がける
- 契約書や見積書などは間違いがないか注意深く確認する
- 状況にふさわしい文体や文面を選択する

★ 受け取る人の顔を思い浮かべて作成する

ビジネス文書を作成する際には、受け取る人の顔を思い浮かべて作成することが重要です。文書を受け取る相手によって、その内容や書き方も異なってくるため、相手の立場や考え方を理解し、それに合わせた内容や表現を使うことが大切です。相手が不快に感じる表現や、曖昧な表現は避け、正確で丁寧な文面を心がけることがポイントです。

内容を分かりやすく伝える

ビジネス文書の書き方

誰が、誰宛に、何を伝えるか

ビジネス文書を作成する際は、誰が書いているのか、誰宛に書かれているのか、何を伝えたいのかを明確にすることが重要です。具体的には、宛名や件名を書くことで、受け取り手に伝える内容を明確にすることができます。また、文章の内容も明確に分かりやすく書くように心がけましょう。必要のない情報を入れてしまわないように注意します。

★ 1つの文書に1つの内容が基本

ビジネス文書では、1つの文書に1つの内容をまとめることが基本です。複数の内容をまとめてしまうと、受け取り手に伝わりにくくなってしまいます。複数の内容を伝えたい場合は、別々の文書を作成するか、箇条書きなどで明確に区切るようにしましょう。また、文章の長さも適切に調整し、分かりやすく簡潔にまとめることが大切です。

ビジネス文書の基本構成図

★ 敬体と常体、箇条書きを使い分ける

敬体（です・ます）と常体（である）の使い分けや箇条書きの活用は重要です。相手との関係や書類の種類に応じて、敬体を使う場合もあれば常体を使う場合もあります。また、箇条書きは情報を整理し、分かりやすく伝えることができます。ただし、相手や書類の種類によっては箇条書きが不適切な場合もあります。適切な文体の使い分けで、効果的な伝達をしましょう。

● ビジネス文書の種類と分類

	敬体	常体
言い回し	です・ます調で表現	です・ます調以外の表現
例	「〜です。」「〜ます。」	「〜だ。」「〜である。」
用途	相手に敬意を示す文書	報告書や論文など

★ ビジネス文書の基本はA4で1枚

ビジネス文書の基本は、A4サイズの紙1枚に内容をまとめることです。ただし、情報が多い場合、小さすぎる文字で無理やり1枚に収めるのは避けましょう。1枚に収まらない場合は、必要最小限に絞って分割し、明確なタイトルを付けて区切りましょう。見出しや箇条書きを使って情報を整理することも重要です。用紙は縦に使うのが一般的です。

★ どんな書体を使うべきか

読みやすく、上質感があり、プロフェッショナルな印象を与える書体を選ぶことが大切です。

● 明朝体
→文章や長文に適しており、読みやすく上品な印象を与える。

● ゴシック体
→見出しやタイトルに適しており、文字の太さや形状がはっきりしているため、強い印象を与える。

〈明朝体〉
ビジネス文書

〈ゴシック体〉
ビジネス文書

社内文書の基本

社内文書は分かりやすさがいちばん大事

　社内文書は、誰でも理解できるようにわかりやすく書くことが重要です。分かりにくい文書だと、指示や報告が不正確になるだけでなく、業務の遅れやトラブルを引き起こす可能性もあります。そのため、文書作成前には、伝えたいことを整理し、情報の正確性や伝わりやすさに重点を置くようにします。また、社内の共通ルールも確認しましょう。

★ 社内文書を作るときに気をつけること

文書作成の際には、まず目的や内容を明確にし、必要な情報を適切な形でまとめることが大切です。書式は用途に合わせて使い分け、タイトルや見出し、箇条書きなどを活用することで、分かりやすいレイアウトを作り上げることができます。また、分かりやすさを追求するために、冗長な表現を避け、簡潔かつ明瞭な文体を心がけることも大切です。

☑ 社内文書作成のチェックリスト

- ☐ 文書の目的や内容が明確になっているか
- ☐ 伝えるべき情報がすべて含まれているか
- ☐ 書式やレイアウトが用途に合っているか
- ☐ 文書中の誤字・脱字や表現の不適切な箇所を修正する
- ☐ 参照や引用した情報が正確かつ適切に明記されているか
- ☐ 場所や日時など、必要な情報が明確になっているか

★ なんの文書かひと目で分かるように作る

社内では多くの書類が配布され、受け取った人はそのすべてを確認する必要があります。そのため、社内文書にはタイトルや見出しを使い、文書の内容を簡潔に表現しましょう。また、文書の目的や重要なポイントを太字などで強調することも有効です。分かりづらい箇所に書類の目的を書いても効果は薄いため、冒頭に明示することがポイントです。

★ 必要な情報を分かりやすく配置

文書作成において、必要な情報を分かりやすく配置することは非常に重要です。まずは、文書で伝えたい情報を整理し、明確にしましょう。文章は簡潔で明確に書き、箇条書きや表などを使って情報を整理することが有効です。また、場合によっては地図や図解などを入れることで、より的確に情報を伝えることができます。何よりも、読み手の立場に立って考えましょう。

★ 書類のとじ方

書類を整理する際、複数枚にわたるものをまとめる場合があります。その際、ホチキスやダブルクリップなどで書類をとじるとよいでしょう。書類の左肩に、斜め45度でホチキスを留めるのが一般的なマナーです。また、必要に応じてクリアファイルやバインダーに入れることもあります。とじ方の社内ルールがある場合もあるので、上司に確認しましょう。

12

会社の信頼性に直結する

社外文書の基本

会社の顔ともいえる社外文書

社外文書は、顧客や取引先、パートナー企業など外部の人々に向けて作成される文書です。企業の顔ともいえる重要な書類であり、正確で分かりやすく、また、よい印象が残るものを作成することが求められます。代表的な社外文書には、見積書、請求書、契約書、あいさつ状、などがあります。企業イメージや信頼性に直結するため、レイアウトにも注意が必要です。

★ 社内文書との違いは

社外文書は社内文書よりも、さらに気を遣って作成する必要があります。企業イメージを守るためにも、社内の方針に従い、書式を統一することも重要です。

☑ 社内文書と異なるポイント

- 受け手が外部の人物になることが多い
- 社外に出回るため、情報漏洩のリスクがある
- 丁寧で分かりやすい表現を心がける
- 専門用語や略語は極力使わない（使う場合は説明を入れる）
- 印象や信頼性にも影響するため、レイアウトやデザインにも配慮する

★ 誰に見られても問題がないように作り込む

社外文書は、誰に見られても問題がないように作り込む必要があります。表紙に重要な要素は書かないようにします。誰が見ても理解できるように、業界用語や略語を極力避け、簡潔で明確な表現を心がけることが必要です。さらに、情報漏洩などのリスクを考慮して、機密情報の取り扱いにも注意が必要です。

★ 文書の種類で構成が変わる

文書の種類や目的、対象者によって適切な構成や書き方が異なります。

☑ 主な文書における構成の違い

企画書や提案書などの書類

- 箇条書きなどで簡潔に見やすくまとめることが重要
- 長文になる場合は、章や節を分けて段落を区切り、見出しをつける

見積書や納品書などの書式

- 定型化された書式がある場合が多く、それに従って必要な項目を記入する
- 記入漏れや不備がないように、入力方法や提出先などを確認することが重要
- 社内に統一されたフォーマットやテンプレートがある場合は利用する

★ 取り扱いには注意が必要

社外文書は、取り扱いに注意が必要です。こちらが十分に気をつけていたとしても、社外の人が書類を人目につく場所に放置する可能性や、紛失するケースも。外部に漏れて困るような情報は記載しないようにしましょう。ただし、機密性の高い情報を含む文書が必要な場合は、セキュリティ対策を厳重にし、適切に取り扱います。

13

分かりやすさが第一

スライド資料の作り方

スライド資料は分かりやすさが第一

　社内会議や顧客への提案など、さまざまな場面でスライド資料を作る機会があります。プレゼンテーション資料の作成ソフトに入っているテンプレートで簡単に作ることはできますが、見やすく分かりやすいスライド資料を作るためのコツを理解しておくといいでしょう。重要なのは、受け手にとって分かりやすいかどうかです。

★ スライド資料の作り方のポイント

資料を作る際は、全体の流れや構成をテキスト化して整理してから臨むようにしましょう。

✅ スライド資料作りのコツ

● **メッセージを明確に伝える**
　→プレゼンテーションの目的やメッセージを明確に伝えるため、タイトルや見出しなどは9〜13文字以内に収める。

● **見やすく分かりやすいレイアウトにする**
　→スライドのレイアウトをシンプルにし、書体の種類や大きさなどに統一感をもたせて視覚的に分かりやすくする。

● **画像やグラフを活用する**
　→受け手の関心を引くために、画像やグラフを使うのが有効。伝えたいメッセージと合わせて補助的に使う。

● **スピーチとのバランスを考える**
　→資料はあくまで補助的な役割。スライドが多すぎるとそちらに集中されてしまい、話を聞いてもらえないこともあるので注意。

★ 分かりやすいスライド資料の構成

構成をテキスト化する際、仮定のストーリーを作ることを意識しましょう。現状起きていることを、課題とその原因で整理します。その原因を解決する方法が具体的な提案内容であり、提案内容を実施するとどういった変化、効果が表れるかを伝えます。

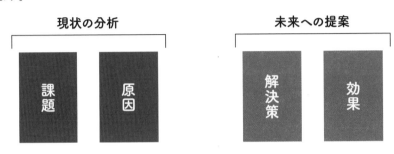

★ 効果的な色の使い方

スライド資料を見やすいものにしようと、色を多用するのは逆効果です。色数は2〜3色程度に抑えて、伝えたい部分でポイントとして使うほうが、メッセージ性が強くなります。目立たせたい部分の色を変えるとともに、太さやサイズも大きくすることで、より効果的になります。

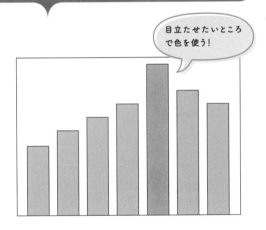

1つのスライドには1つのメッセージ

スペースが空いているからといって、1枚のスライドにたくさんの情報を詰め込むと、受け手は何をメッセージとして受け取ればいいのか分かりにくくなってしまいます。1スライド＝1メッセージを心がけることで、分かりやすい資料を作ることができます。

ビジネスを円滑にする

頭語・結語・時候の挨拶

ちょっとした気遣いで文書に彩りを添える

　文書に彩りを添える方法のひとつとして、頭語や結語、時候の挨拶を取り入れましょう。例えば、ビジネスメールでの頭語には「お世話になっております」や「ご無沙汰しております」「拝啓」、結語には「よろしくお願いいたします」「敬具」などがあります。このようなちょっとした気遣いは、相手に好感を抱かせる効果があるため、大切にしたいところです。

★ 頭語と結語の使い方

文書の冒頭に用いる「拝啓」「謹啓」などを頭語といいます。頭語は、いきなり本文に入るのを避け、手紙やはがきの場合、前文として使われます。頭語は必ず結語とペアで用いられ、例えば「拝啓（頭語）」＋「敬具（結語）」というように決まった組み合わせがあります。適切に頭語と結語を用いることで、文書全体の丁寧さや礼儀正しさが高まります。

● 頭語・結語の組み合わせ

手紙の種類	頭　語	結　語
一般的な手紙	拝啓	敬具
丁寧な手紙	謹啓	敬白
前文を省略する手紙	前略	草々
急用の手紙	急啓	草々
返信の手紙	拝	敬具
再信の手紙	重ねて申し上げます	敬具
面識のない相手に出す手紙	拝啓	拝具

★ 時候の挨拶の使い方

「時候の挨拶」は、手紙やメールなどで相手に対して挨拶をする際に、季節や時期に合わせた言葉を使うことです。例えば「晩秋の侯」「風薫る季節となりました」などです。季節の挨拶では「〇〇の候」といった言いまわしや、決まったフレーズがあります。また「時下」は、時候の挨拶の代用として、季節にかかわらずいつでも使用できます。

マルチに使える時候の挨拶

時下：季節にかかわらず、いつでも挨拶に使えます。
　例）「時下、ますますご繁栄のこととお慶び申し上げます」
時節柄：「時節柄」「季節柄」も季節を問わず使える結びの言葉です。
　例）「時節柄、いっそうのご自愛のほどをお祈りいたします」

★ 季節に応じた時候の挨拶を使ってみよう

ビジネス文書においても、適切な季節の挨拶を使い分けることが重要です。例えば、梅雨には「入梅の候」と書いたり、年末には「師走に入り寒さも本格的になりました」などの時候の挨拶を用います。季節に関係なく使える「時下」や「時節柄」も便利ですが、適切な季節の挨拶を使うと、ビジネスを円滑に進められます。

● 季節感のある時候の挨拶

1月	厳寒の候、初春の候、大寒の候、寒中お見舞い申し上げます
2月	立春の候、寒さ残る季節、余寒厳しい毎日が続いています
3月	早春の候、春暖の候、自然が目覚める季節となりました
4月	桜花の候、春暖の候、桜のたよりが聞かれる頃になりました
5月	新緑の候、薫風の候、新緑が美しい季節、季節の変わり目となりました
6月	梅雨の候、入梅の候、じめじめとした季節となりました
7月	盛夏の候、暑中お見舞い申し上げます、海開きの季節です
8月	立秋の候、処暑の候、秋に向けて少しずつ気温が下がっています
9月	秋分の候、秋桜の候、涼しくなる季節ですね、秋の気配が漂っています
10月	霜降の候、紅葉の候、仲秋の候、爽やかな秋風の気配を感じます
11月	晩秋の候、立冬の候、秋の終わりを感じる頃となりました
12月	初冬の候、師走の候、師走に入り寒さも本格的になりました

誠意を伝える

封筒・はがきの宛名書き

丁寧な仕事で誠意をアピールする

　正確な宛名書きは、丁寧さや誠意をアピールする重要な手段のひとつです。宛名は、相手の名前や役職を正確に書き、敬称を使うことが基本です。また、所在地や郵便番号なども正確に記入し、読みやすい字で書くことが求められます。宛名書きは、自分が所属する組織のイメージを反映するものです。封筒や筆記具の種類にも気を遣いましょう。

★ はがきの宛名書きの仕方

はがきの宛名書きは、第一印象を決める重要なポイントです。切手は左上に貼り、相手の氏名は、はがきの中央に大きめの文字で書くようにしましょう。ビル名やマンション名も略さずに書いたほうがきちんとした印象を与えます。自分の所在地と名前は、相手の所在地と名前よりも小さめに書きます。ボールペンやサインペンを使い丁寧に書きましょう。

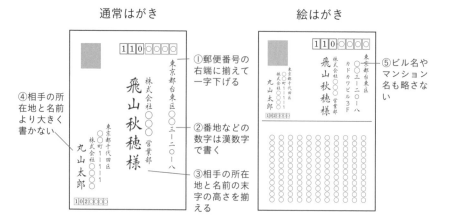

通常はがき

110-○○○○

東京都台東区○○○○三-二〇-八
株式会社○○○○営業部
飛山秋穂様

東京都十代田区○○町1-1-1
株式会社○○○○
丸山太郎
102-○○○○

①郵便番号の右端に揃えて一字下げる

②番地などの数字は漢数字で書く

③相手の所在地と名前の末字の高さを揃える

④相手の所在地と名前より大きく書かない

絵はがき

110-○○○○

東京都台東区○○○○三-二〇-八
カドカワビル3F
株式会社○○○○営業部
飛山秋穂様

東京都十代田区○○○
株式会社○○○○
丸山太郎
102-○○○○

⑤ビル名やマンション名も略さない

★ 封筒の宛先の書き方

封筒に宛先を記載する際は、まず郵便番号を右上に記入します。郵便番号枠から少し下げ、会社名や部署名を記載しましょう。相手の名前は封筒の中心に大きくはっきりと記入します。自分の所在地氏名は封筒の裏面に書きましょう。請求書や見積書などの書類が入っている場合は、左下に「○○書在中」と書き、四角い枠で囲みます。切手は封筒表面の左上に貼ります。

● 角8封筒と長3封筒の宛名の書き方例

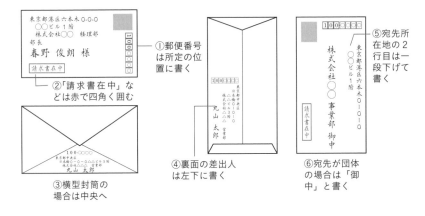

①郵便番号は所定の位置に書く

②「請求書在中」などは赤で四角く囲む

③横型封筒の場合は中央へ

④裏面の差出人は左下に書く

⑤宛先所在地の2行目は一段下げて書く

⑥宛先が団体の場合は「御中」と書く

★ 手紙の入れ方と封の仕方

複数枚の文書や資料などが含まれる手紙は折りたたまず、角封筒に重ねて入れます。枚数の少ない手紙ならば、三つ折りにして長封筒に入れてもよいでしょう。封をするときに粘着テープが見えるように、裏から糊付けをするか、両面テープを使いましょう。

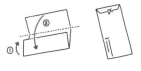

column 一筆添えるのはどんなとき？

一筆箋でメッセージを添えるのは、業務上の通信事項や、特別なお知らせなどはないけれど、なにか品物を届けたりするときです。直接手渡せればそのときにひと言交わして気持ちを伝えることができますが、郵便や宅配便で送ったり、誰かに配達を託したりする場合にはそうもいきません。かといって、便箋に何枚も手紙をしたためるのも大げさだな、と感じるときは、一筆箋に気持ちを記して添えましょう。

押印のマナー

印鑑の種類とビジネスでの使い分け

ビジネスシーンでは、一般的に認印がよく使われます。会社の契約書や重要な書類には、代表者の実印が必要となることがあります。また、社印や角印もよく使われます。

◆ 実印

会社や個人を代表する重要な印鑑で、契約書や登記に使用します。役所に印鑑証明の登録をしたものが実印になります。

◆ 認印

身分証明に用いられるもので、日常的な書類に押すことが多いものです。

◆ 銀行印

口座開設や金融取引に使われ、金融機関に登録されます。登録印以外の印鑑は使用できません。

◆ 浸透印

インク内蔵のゴム印。一般的に「スタンプ印」と呼ばれることが多いです。契約や公的な文書では使用しません。

書類への押印のマナー

印鑑を押す際は、まず印鑑の向きを確認しましょう。次に、印鑑をしっかりと持ち、均等な力で押すことで美しい印影を残せます。押したあとは、線が途切れていないか、印鑑の周囲にインクが飛んでいないかなどをチェックしましょう。不鮮明な印影は、書類の受け入れを拒否されることがあります。

印鑑を押し直す際は、古い印影をきれいに消し、新しい印影がはっきりと押せるように注意しましょう。間違えた場合は、二本線の取り消し線を引いて押し直すこともあります。ただし、重要な書類の場合は、新しい書類に押し直すほうが望ましいです。

謎マナー 「印鑑のおじぎ」とは?

印鑑のおじぎとは、書類に押印する際、相手に敬意を示すために印鑑をわずかに傾けて押すことです。印影は上司の印影に寄り添うような形になります。このマナーには賛否両論ありますが、これが社内でのマナーになっている場合は、準じておいたほうが無難でしょう。

Chapter

デジタル・
ICTツールの基本

近年、通信技術の発達によって、職場環境や
働き方が多様化しています。はじめはとまど
うことも多いかもしれませんが、最新のシス
テムやツールを取り入れることで、自分に合っ
た職場環境を整備し、より効率的に仕事を進
めることができるようになります。

01 新しいライフスタイル

テレワークの働き方

オフィスにとらわれない働き方

　近年、新しい働き方として注目されている、リモートワークとテレワーク。どちらも「ICTツール」（→P202）を活用した働き方になります。テレワークは基本的にはオフィス勤務になりますが、オフィス以外でも働くことができ、リモートワークはオフィス以外の場所が本拠地になっているというニュアンスです。

★ テレワークの特徴

テレワークの「tele」は「遠くの」という意味で、「work」と組み合わせて作られた造語です。日本の厚生労働省ではリモートワークの働き方も合わせて、テレワークで統一しています。ICT を使って会社以外の場所を「オフィス」にすることで、オフの時間も柔軟に活用できるため、自分がどのように暮らしたいかを考えるきっかけにもなります。

自宅

カフェ

レンタルオフィス

テレワークは大きく分類すると３つのタイプに分けることができます。自分に合ったテレワークスタイルを見つけることで、より理想に近い生活を手に入れることもできます。いろいろと試してみて、自分に合うスタイルを見つけるのもよいかもしれません。

☑ 在宅勤務

自分が住んでいる自宅をオフィスと設定して働くことです。家族がいる人だと、家族のスケジュールを考慮しなければならない場合もありますが、在宅勤務にすることで、家族と接する時間も増えます。また、半日は出勤して半日は在宅勤務にするという働き方もできます。

メリット	出社する必要がなく、通勤時間がない。
デメリット	仕事とプライベートが曖昧になりやすい。

☑ サテライトオフィス勤務

企業が用意した遠隔地にある小規模なオフィスで働くことです。混雑する都心を避けることができ、通勤時間の短縮にもなります。また、オンとオフを分けたい人は、オフィスに「出勤」することで生活のリズムが整えやすくなります。また、民間企業によるレンタルオフィスやコワーキングスペース（→ P200）をサテライトオフィスとして使っているケースもあります。

メリット	仕事に集中しやすく、環境も整っている。
デメリット	社員同士のコミュニケーション不足や、セキュリティの問題がある。

☑ モバイルワーク勤務

スマートフォンやタブレットなどといったモバイル端末を活用し、カフェやコワーキングスペースなどで働くことです。移動中の時間も活用できるのでタイムパフォーマンスを気にする人にもおすすめです。無駄にする時間がありません。

メリット	隙間時間に仕事をすることができ、時間の無駄がない。
デメリット	集中力が持続しにくいほか、情報の取り扱いに注意が必要になる。

自由な場所で働けるしくみ

テレワークのシステム

テレワークをする環境を知ろう

　テレワークで重要になってくるのが、作業環境です。インターネットがあったとしても、適切に情報や資料を共有できる環境でなければ、仕事はスムーズに進みません。現在は資料の共有の仕方にもリモートデスクトップ方式などさまざまな方法があり、企業によって自社にどのツールが最も適切かを判断して社員と会社で共有できるようになっています。

★ リモートデスクトップ方式

離れた場所にあるパソコンを、手元にあるパソコン、もしくはタブレットで操作するためのシステムのことです。自宅にいながらにして、会社のパソコンを遠隔操作できるようになり、オフィスで仕事をしているのと変わらないパソコン環境をつくり出すことができ、作業もスムーズに進められます。

自宅のパソコン　→（遠隔操作）→　会社のパソコン

★ 仮想デスクトップ

サーバー上にデスクトップを実現し、作業するしくみです。OSやアプリケーション、社内データなどをサーバーに集約した「仮想デスクトップ」にアクセスして、操作します。そのため、各々の端末にはOSやアプリケーションなどをインストールする必要がなく、盗難や紛失による情報漏洩対策にも効果的です。

仮想デスクトップ

自宅のパソコン ← 会社のパソコン

★ クラウド型アプリ式

基本的には仮想デスクトップと同じようなしくみですが、仮想デスクトップを自社のサーバーではなく、外部のクラウドサービスに設置するという違いがあります。会社は自前のサーバーを設置する必要がなく、リモートワーク導入の初期費用を抑えることができるというメリットがあります。

インターネットクラウド

自宅のパソコン　会社のパソコン

★ 会社のパソコン持ち帰り式

最もシンプルな方法が、会社で使っていたパソコンを持ち帰るというものです。慣れ親しんでいるパソコンなので、作業の移行もスムーズ。また、プライベートでパソコンを持っていないという人にはコストもかかりません。ただ、機密情報がパソコンに入っている場合も。取り扱いには注意しましょう。

パソコンを移動

自宅 ← 会社

03 在宅勤務の場合

自宅をオフィスにする働き方

　コロナ禍を経て、多くの企業で取り入れられることが増えた在宅での勤務。ひとりで作業を行うので集中して仕事に取り組むことができます。また、通勤時間などをカットできるため、自分のための時間も多く持つことができ、ストレスの軽減などといったメリットも。ただし、効率化のためには作業環境を整える必要があります。

★ オフィスと同じ環境をつくる

在宅勤務が増え始めたころは、なかなか作業環境が整わない人も見受けられました。できれば、オフィスのデスクと似た環境をつくるのがベストです。なかなかオフィスと同じサイズというのは厳しいかもしれませんが、広めのデスクを用意。また、使う機会が増える椅子はこの際に自分の体に合ったものを探すのも一案です。

★ 必要なもの一式を確認

環境さえ整えられれば、仕事の効率はグッとアップします。まずは、パソコンのほか、インターネット環境を整えるのが最優先です。さらにテレワークには Web カメラやマイク、イヤホン、ヘッドホンも必要になってきます。オンラインでの打ち合わせには欠かせないアイテムばかりです。早めに揃えるようにしましょう。

☑ リモート端末（パソコン・タブレットなど）

会社からテレワークを推奨される場合、パソコンなどが支給されたり、普段、オフィスで使用しているパソコンを持ち帰ることも可能になることがあります。そのケース以外は、社員が自身で用意する必要があります。できれば、オフィスで使っているパソコンに近いスペックのものだと、作業に支障が出づらく、安心です。

☑ Webカメラ

近年、発売されているノートパソコンの多くにはカメラがついています。そのため、Web カメラは不要ですが、デスクトップパソコンの場合は用意する必要があります。ノートパソコンに内蔵されているカメラは、アングルを決めるのが難しい場合もあります。高品質な映像を使いたいという人も、買ってみてもいいかもしれません。

☑ マイク

オンライン会議に参加する場合、パソコンやスマホには内蔵マイクがあるので必須というわけではありません。しかし、デバイスによっては、内蔵のマイクの性能がよくなかったり、タイピングの音を拾ってしまったりして、ほかの方に迷惑がかかる場合があります。その場合は、ノイズキャンセラーなどの機能がついたマイクを用意しましょう。

☑ イヤホン、ヘッドホン

マイクやカメラと同じく、ノートパソコンにはスピーカーがついています。そのため、イヤホンやヘッドホンがなくてもオンラインでの打ち合わせは可能です。ただ、デスクトップの場合はスピーカーやイヤホン、ヘッドホンがないと音声を聞くことができないので注意が必要です。

04 テレワークの作業環境②

コワーキングスペース

共同で仕事をするためのスペース

　さまざまな人が集まり共同で利用できる、オープンなオフィススペースです。シェアオフィスとも呼ばれています。オフィスといっても、フリーアドレス制のものや、カフェに近い雰囲気のものもあります。家よりも外のほうが集中できるという人におすすめで、長時間滞在していても、周りの目を気にしなくてすみます。また、ほかの利用者と交流を図ることもできるのが特徴です。

★ コワーキングスペースの特徴

契約者個人のスペースを持つ固定デスク形式と、空いているデスクを自由に使うフリーアドレス形式の2種類が一般的です。打ち合わせスペースがあるところだと、オンライン会議の際にも便利。コワーキングスペースによってはフリードリンクなど利用者にとって嬉しいサービスもあります。

インターネット回線やプリンターなど、仕事に必要なインフラが整っています。

☑ 自宅が作業できる環境ではない

パソコンを広げるスペースであったり、ネットがつながらないという人におすすめ
です。また、家の周りで工事をしているなど周辺がうるさいときにも便利。家族が
いる場合も、この環境なら気にせず仕事ができます。

☑ 仕事のオン・オフを切り替えたい

家で仕事をしていると、いつが切り上げ時か分からなくなってしまいます。仕事を
するのはコワーキングスペースで、家では完全にオフ、とすれば自分の生活にもメ
リハリをつけることができます。

☑ 他業種の人とコミュニケーションをとりたい

コワーキングスペースはさまざまな業種の人が利用します。人脈を広げたい、他業
種の人と話してみたいという人にはおすすめです。ただ、運営側に迷惑がかからな
いよう、トラブルには気をつけましょう。

☑ パソコンをつけたまま席を立たない

パソコンは個人情報だけでなく、会社の機密情報が満載です。ちょっとした油断が
情報漏洩になってしまう可能性もあります。パソコンの取り扱いには十分に注意を。

☑ 専有スペース外での電話やオンライン会議をしない

個人の固定デスクや打ち合わせ用のスペース以外では、電話やオンライン会議はしな
いようにしましょう。ほかの人の迷惑になるほか、情報漏洩の心配もあります。

☑ 共有物や設備を独占しない

コワーキングスペースはさまざまな人が集まり、利用している場所です。共有物や
スペースは譲り合って利用する精神を忘れないようにしましょう。

ICTツールについて知ろう

オフィスと同じ環境をつくるツール

　ICTとは「Information and Communication Technology」の略で、「情報通信技術」のことです。ICTツールを活用することで、柔軟な働き方を得ることができます。インターネットさえあればどこででも働けるようになり、場所にとらわれなくなります。働き方を変えていこうという現代社会、また、テレワークが増えつつある社会には欠かせないツールなのです。

★ 必要なツールを確認

ICTツールを活用すればどんな場所でも仕事をすることができ、離れた場所の人ともコミュニケーションをとることができます。また勤怠管理ツールによってタイムカードやシフト表などで管理していた出退勤がネット上で完結し、社員の正確な勤務時間を把握することができます。

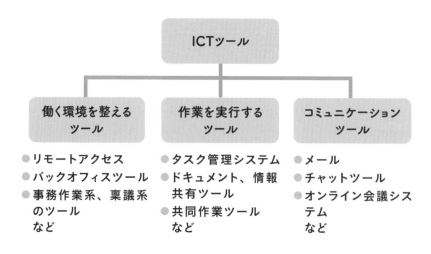

ICTツール

働く環境を整えるツール	作業を実行するツール	コミュニケーションツール
● リモートアクセス ● バックオフィスツール ● 事務作業系、稟議系のツール など	● タスク管理システム ● ドキュメント、情報共有ツール ● 共同作業ツール など	● メール ● チャットツール ● オンライン会議システム など

働く環境を整えるツール	
リモートアクセス	自宅から離れた場所にあるコンピューターを遠隔操作したり、サーバー上の仮想デスクトップにアクセスする方法の総称。
バックオフィスツール	業務の後方支援するために適したツール。クラウド上で人事労務を管理したり、書類の申請と決済、経費の精算などを行う。
事務作業系、稟議系のツール	クラウド上で稟議承認をしたり、ワークフローを補佐したりするシステム。効率よく業務を進めることにもつながる。

作業を実行するツール	
タスク管理システム	自分や部下、チームの業務成果やタスクの消化を可視化するシステム。プロジェクトの進行なども確認し、適宜サポートにまわることが可能になる。
ドキュメント、情報共有ツール	業務に必要なデータや進捗のカレンダーなどを共有できる。チーム内の情報を共有することで、共同作業を効率よく進めることができる。
共同作業ツール	情報共有ツールと部分的に重なるツール。チームで同じデータを編集、更新することができ、同時に作業を進めることができる。

コミュニケーションツール	
メール	基本のビジネスツールで、メッセージを送受信することができる。おもにクライアントや外部などへの連絡に使用する。
チャットツール	チャット形式でコミュニケーションをとることができる。社内でのちょっとした打ち合わせにも便利で、データの共有にも使いやすい。
オンライン会議システム	Web上で会議や打ち合わせができる。ネット環境があればどこでも会議ができるため、移動時間などが不要で、遠方の人とも直接やりとりができる。

Chapter

6

デジタル・ICTツールの基本／ICTツールについて知ろう

都合に合わせて受講できる教育ツール

ICTツールは一般業務やそのサポートのほか、教育ツールとしても活用できます。今まではオフラインで行ってきた社員への講習会や勉強会なども e ラーニングなどのシステムを取り入れることで、場所を選ばず、好きなときに学習をすることができます。

メールとは異なる

ビジネスチャットのマナー

新しいビジネスコミュニケーション

　コロナ禍で在宅ワークが増えたことで、メールだけではなくビジネスチャットを導入する企業も増えています。複数人でのやりとりをするときに、資料の共有もスムーズにできるだけでなく、報告・連絡・相談も全員が確認できるなど、メリットも多くあります。ビジネスにおけるマナーのポイントを押さえて使いこなしましょう。

★ プロフィールの設定

ビジネスチャットのプロフィールは、どこの部署の誰なのか、という「何者なのか」が分かりやすいのが一番です。誰が見てもすぐに認識することができるように設定しましょう。あくまでビジネスでの場ですので、ふざけていたり、遊び心をプラスしようとするのは避けたほうがベストです。

名前は読み方まで設定

氏名は本名を記載します。ただ、人によっては漢字の読み方が難しい場合もあるので、読み方まで記載すると親切です。他部署ともやりとりをする場合は、名前の前に部署名などを入れておきましょう。

アイコンの選び方

アイコンも、誰なのかがすぐに分かるのが一番です。顔写真だとベストですが、写真を載せたくない場合もあるでしょう。その場合は似顔絵イラストなどでも OK です。芸能人の写真やアニメキャラクターなどは NG です。

連絡先も記載

部署内のみであれば、プロフィールに個別でメールアドレスを設定しておきましょう。全体でやりとりできないもの、個別で資料を送付する場合にスムーズです。ただ個人的なやりとりは避けましょう。

★ ビジネス時のチャットのコツ

メールでのやりとりよりも、チャットのやりとりだと少し気軽になってしまう部分もあります。ただ、あくまでビジネスの場だということは忘れずにやりとりを行うようにしましょう。決まったマナーがあるというよりも、それぞれの会社の文化がより濃く出るところなので、上司や周囲に合わせましょう。

☑ かしこまりすぎない文体に

くだけすぎるのはよくありませんが、メールほどかしこまりすぎる必要はありません。「お世話になっております」などの定型文はなくしても問題ありません。ただ、簡潔になりすぎると冷たい印象を与えるので、その点は気をつけましょう。

☑ 返事はスタンプでOK

「かしこまりました」「確認します」などといった了承については、スタンプだけの対応でも問題ありません。コメントの通知が相手の邪魔になってしまう場合があるので臨機応変に対応しましょう。

☑ チャンネルの使い方

チャンネルは話題のテーマごとに作成して、話が脱線したり、重要な情報を見失うことを防ぎます。話題が別のチャンネルのほうが適切だと思ったら、そちらに誘導を。例）「プロジェクト名 - general」「プロジェクト名 - idea」「プロジェクト名 - dev」など。

☑ 素朴な疑問も質問しよう

ちょっとした疑問も、チャットだからこそ聞きやすい、というメリットがあります。履歴を残しておくことで、ほかのメンバーの役に立ちます。

積極的なコミュニケーションを心がける

リモートワークだと、コミュニケーションがどうしても不足してしまいがちになります。その点、チャットは気軽にコミュニケーションをとることができます。分からない点は積極的に聞くなどして活用しましょう。

オンライン会議・準備編

会議を円滑に行うための気遣い

　会議は出席者全員で協力して進めていくもの、という点についてはオンラインもオフラインも変わりはありません。出席者はそれぞれで事前にきちんと準備を行いましょう。まず大事なのは接続テストを行っておくことです。ひとりが接続できないと、会議が進まなくなります。また、会議の内容を把握して資料を揃えておくことも忘れずにしましょう。

★ 会議を始める前の準備

まずは、身だしなみのチェックが大切です。オンラインでも、自分の姿は相手に見えていることを忘れずに。またイヤホンやヘッドホンも準備を。相手の声が聞き取りやすいだけではなく、スピーカーでは反響してしまう場合もあります。また、背景も会議用に事前に準備をしておくと直前になって慌てることがありません。

身だしなみのチェック
寝ぐせを直す、ひげを剃るなど、最低限の身だしなみは整えましょう。服もシャツやブラウスなどだと無難です。

イヤホン・ヘッドホンをつける
スピーカーモードではなく、イヤホンなどをつけましょう。また、相手の声を鮮明に聞けるように、ノイズキャンセルがついたものを選びます。

背景の映り込み
プライベートなものが映っていないかを確認しましょう。ツールの背景の設定機能を使うこともできます。ほかの出席者が気になってしまうような背景は設定しないようにしましょう。

☑ カメラのチェック

会議などでは顔を見ながら話すのがベターです。そのため、カメラは原則 ON にし、きちんと映るかどうかの確認は事前に行っておきましょう。また、カメラ位置や高さなどもチェックしておくと◎。映り方によって、相手に与える印象が変わってきます。パソコンに付属しているカメラの調子が悪い、映りづらいなどといった場合は、Web カメラの購入も考えるようにしましょう。

☑ 音量設定のチェック

声が聞こえない、届かないといったトラブルは、会議進行が止まってしまうので大きな問題です。会議チャットツールによっては、事前にマイクとスピーカーのチェックができるものがあるので、そちらで忘れずに確認をしましょう。また、イヤホンマイクの扱い方にも気をつけましょう。

[イヤホンマイクの使い方]

✕ マイクを持つ

持った際に雑音が入ってしまい、逆に聞き取りづらくなります。

◯ マイクを持たない

口元の近くにあるというだけで、すでに十分聞き取りやすい状態になっています。

☑ 資料を開いておく

会議で使う資料については、共有がしやすいように事前にファイルを開いておくようにします。いざというときに見つからないなどのトラブルを避けることができます。さらに資料の最終チェックもできればベストです。

08 トラブルなく進行するために

オンライン会議・実践編

相手にストレスを与えない配慮を

「オンライン会議のマナー」は近年になって新しくできたマナーといえます。こんなところにまでマナーを？　と思う人もいるかもしれませんが、オンライン会議でのマナー違反は気づきづらいものです。しかし、出席者全員が気分よく会議に参加できることを心掛ければ問題ありません。自分が不快だと思うことはしないようにしましょう。少しの配慮で、相手からの印象もアップし、スムーズな業務につながります。

★ 会議中の基本のマナー

☑ 入退室の挨拶

初めて会う人には丁寧に挨拶を。社内であれば、「おつかれさまです」など簡単なものでかまいませんが、入退室の際に挨拶は忘れずに。退室の際も無言だと印象が悪くなります。

☑ 録音・録画をする場合は事前に確認を

業務に必要な録音・録画だったとしても、出席者に念のために確認を。無許可での録音・録画は失礼だと思われる可能性があります。議事録のため、などひと言添えるとより丁寧です。

☑ 発言しないときはミュートにする

ほかの参加者が発言しているときに雑音が入ってしまうと、会議の進行の妨げになってしまいます。マイクが不要なときは原則、ミュートにしておきましょう。

会議では資料を開示するため、画面共有はよく行われることです。コツを覚えておくと、会議中でも慌てずに進められます。ファイルごとの見せ方、画面共有に備えて見せてはいけないものがないかどうか、デスクトップの整理も忘れずにやっておきましょう。

✓ 表示メニューを閉じ、ズームレベルを調整

ツール画面を共有する場合は、ボタンやリボンメニューなどツール内で閉じることができるものは閉じて、メインの画面を大きく見せるようにしましょう。スクリーンでシェアした際は、想像している以上に相手から見づらくなっています。例えば、Excel や Word などのオフィスツールの場合は、ズームレベルを 150% 程度にしておくとよいでしょう。

✓ プレゼン資料は、相手が見やすい形式を心がける

相手にプレゼンテーションをするときに利用するスライド形式の資料は便利ですが、編集画面やリボンメニューなど余計な表示があったり、画面の解像度が悪かったりすると、相手に対して効果的な情報を与えることができません。また、画面転送では細かい部分がつぶれてしまいがちなので注意が必要です。必ずスライドビューなどにして相手に見やすいようにしましょう。

✓ 文字情報を伝えるときはチャット機能も活用

画面共有では、図やイメージは伝えやすいですが、長いテキストなどは読みにくいことがあります。テキストで伝えたいことはチャット欄に書き込みましょう。参加者の意見や質問を書き込んでもらうことで情報を整理したり、チャットを保存して、会議の記録資料にすることもできます。

デスクトップ表示には注意

ブラウザのダウンロードバーやタブなど、不要な情報が共有されていないか、事前に確認をしておきましょう。ほかにも、映したくないもの、映してはいけないものが残っていないかも、事前にチェックしておくと安心です。

「不特定多数の人に見られている」という意識を

SNSの使い方

インターネットでのマナー

　現代社会では欠かせないものとなっているのがSNSです。同じ趣味の仲間とつながることができたり、情報収集や市場調査の役に立ったりします。しかし、使い方を間違えれば、自身が所属する会社に多大な迷惑をかける可能性も。「不特定多数の人に見られている」という意識を常に持って活用するようにしましょう。

★ 代表的なSNSと特徴

SNSとは「Social Networking Service」の略で、「社会的なネットワークを築くためのサービス」という意味です。個人で楽しむだけでなく、ビジネスにも利用され、企業アカウントでブランディングをしたり、顧客とつながったりすることもあります。SNSと連動したキャンペーンやイベントを開くことで、ユーザーにPRして集客することもあります。

Facebook （フェイスブック）	29億人以上が利用する世界最大規模のSNS。SNSでも珍しい実名登録制で、職業や勤務先を記載しているユーザーも多く、人脈開拓にも利用される。ユーザーの年齢層が高いのも特徴。
Twitter （ツイッター）	匿名アカウントが多く、拡散力が高いことが特徴のSNS。おもに140字以内のテキストを投稿する。企業アカウントとユーザーの距離が近く、親しみやすい傾向。
Instagram （インスタグラム）	写真をメインとしたSNSで、ファッションやコスメ、料理関連の注目度が高いのが特徴。ユーザーの年齢層が比較的若く、インフルエンサーの影響力も大きい。
LINE （ライン）	個人、グループなどでチャットや電話、ビデオ通話を無料で行うことができる。細かな情報提供やクーポンの配布に向いている。また、スタンプ機能があることから、企業のオリジナルスタンプなどでPRすることもある。

★ プライベートなSNSで会社について書かない

個人で使用するアカウントに会社のことを書き込むのは基本的に NG だと考えておくのが無難です。会社の方針や上長の確認をとったほうがいいでしょう。場合によっては、個人だけではなく会社の信用問題にも関わります。また、SNS に関する会社の規則がある場合は、ルールに従うようにしましょう。

☑ SNSにアップするときに注意すべき点

SNS を仕事に活用するケースもあり、どこまで情報を公開するかは人によりますが、リスクについては把握しておく必要があります。

● 顔や本名

個人を特定され、プライバシーを侵害される場合があります。ビジネスネーム（仕事上のみで使う名前）や、顔がはっきりと分からない状態にするなどの方法もあります。

● 勤務地や最寄り駅

行動範囲が分かることで、事件に巻き込まれる場合があります。意図的に公開する必要がない場合は、書かないほうが無難です。

● 会社の人間関係や愚痴や悪口

社会人として適切な行動とはいえません。企業批判ととらえられる場合も。匿名や裏アカウントも、身バレ（身元が割れること）してトラブルになることもよくあるため、一切書かないようにするのが最善です。

● 会社名や部署名

顔や本名と同じく、個人を特定される危険性があります。こちらも公開して発信する場合は、会社や上長の確認をとってからにしましょう。

● 会社の人の実名

名前を出すことで、その人のプライバシーを侵害してしまう可能性があります。名前を出す場合には、必ず許可をとりましょう。

● オフィスの写真や業務内容

意図せずして、勤務先の機密事項を外部に漏らしてしまう可能性があります。わずかに写った情報を解析されてしまうことも。投稿するときには十分に注意しましょう。

ソーシャルセリングのマナー

会社の看板を背負っていることを忘れずに

　営業やIT系の企業では、仕事のために個人のSNSを使用することもあります。例えば、SNSを通じて顧客と繋がり、自社商品やサービスをすすめる営業手法を「ソーシャルセリング」といい、個人間でやりとりをし、信頼関係を深めて顧客を獲得します。プライベートではなく仕事の一環であることを忘れずに、正しい運用をすることが大切です。

★ SNSを使う目的

SNSでは広く多くの人に企業のPRを行うことができます。会社サイトでの発信だけでなく、手軽に拡散も可能です。素早い告知を打つことができ、スピード感をもって自社のニュースの発信も。また、営業であれば、SNSを使って顧客や取引先と連絡をとることもできます。

☑ 人脈の開拓

直接会ったことのない相手でもSNSで手軽に、それも濃いコミュニケーションをとることができます。さらに、そこからの新しいつながりもつくりやすくなります。

☑ 取引先との連絡

取引先もSNSを行っていれば、連絡のやりとりもより簡単に。もちろん、メールでも可能ですが、出先などで必要な情報をスムーズに交換できるようになります。

☑ 顧客やユーザーとのコミュニケーション

顧客やユーザーからの生の声を聞き取りやすくなります。また、自分のほうからその声に応えることも可能になります。より顧客との関係が密接になります。

SNSでのやりとりはメールなどよりも気軽なものになってしまいがちになるため、文章などにも気をつけるようにしましょう。無意識のうちに失礼なものになってしまっている場合があります。また相手との距離感にも注意が必要です。あくまで、取引先であることを忘れないようにしましょう。

☑ 友達申請のタイミング

SNSによって、申請のタイミングは異なります。本名で登録しているSNSに関しては実際に会って、何度かやりとりをしているなかで、申請してもいいか確認しましょう。そのときにはメッセージを添えると親切です。

☑ 営業メッセージの送付

あからさまに営業だと分かるメッセージは、好感度を下げることになります。また、定型文だと分かる内容は避けたほうがいいでしょう。きちんと個人を意識したメッセージの作成をすることが大切です。

☑ やりとりの距離感

気軽にやりとりができることがSNSの特徴ですが、だからこそ信頼関係が大事です。いきなり、親しげなメッセージを送っても非常識に思われてしまいます。オフラインと同じように丁寧な関係構築をしましょう。

☑ リアクションの頻度

SNSでは気軽にリアクションがとれるのもよいところです。すべての投稿にリアクションをするのはわざとらしさがありますが、よいと思ったものには素直に反応してみましょう。

オフィシャルなアカウントであることを意識

ソーシャルセリングは個人アカウントでありながら、自分の発言がそのまま会社の発言とイコールになります。そのため、発信していいこと、悪いことの見極めがプライベートアカウント以上に重要です。投稿する前に、必ず問題がない投稿かを確認するようにしましょう。

Chapter
6

デジタル・ICTツールの基本／ソーシャルセリングのマナー

ちょっとした不注意が危ない

SNSでのトラブル

不用意な投稿から大きな問題に

　不特定多数の目に触れることになるSNS。ホームページなどと違って、拡散力もリーチ度も格段に上がっています。だからこそ、ビジネスでも有効に使えますが、その分不用意な発言も多くの人に知られることとなります。何気ないたったひとつの投稿が、炎上やクレームにつながる場合もあることを忘れないでおきましょう。

★ 個人だけではなく、会社の責任になる

個人でのSNSなら何を投稿してもいいだろう、と思うかもしれません。しかし、どの企業に所属しているのかを明らかにしていると、炎上が会社へと飛び火する場合があります。個人の見解とすることもできますが、それで収まるかというと難しいところ。公への投稿は会社にも影響があることを心に留めておきましょう。

SNS でトラブルの原因となりがちなのが、情報漏洩や、誹謗中傷、ステルスマーケティングです。見ている側の人たちも敏感になっています。ただ、それ以外の話題だから炎上しないとは限りません。どんな話題だったとしても、投稿する前に一度客観的に内容を確認する癖をつけましょう。

✅ 情報漏洩

顧客やユーザーの個人情報を流すのは大問題です。さすがに名前や住所を漏らす人はいないと思いますが、例えば、自社の製品を有名人が使っていることを勝手に投稿するのは NG です。発表前の情報や、出してはいけない情報を出してしまうことにも十分気をつけてください。

これは公開前の情報だぞ

✅ 誹謗中傷、他社製品やサービスの批判

「使い勝手が悪かった」「食べてみたけどまずかった」など、製品に関するネガティブな発言は避けたほうがいいでしょう。その販売元が取引先になる可能性もあります。悪口は常識的にも言うべきことではありません。

まずいジュースだ。SNSに悪口を書いてやるぞ

✅ 自社製品やサービスのステルスマーケティング

会社名を明かした状態で自社の製品を褒めたり、有名人やインフルエンサーに PR を依頼したりすることは問題ありません。しかし、宣伝であることを隠したやらせ PR はステルスマーケティングと呼ばれ、顧客からの信頼を失うほか、景品表示法に抵触する可能性もあります。

自社製品をこっそり褒めるぞ！

12 SNSでのいやがらせ

ソーシャルハラスメント

SNSでの執拗なコミュニケーション

　さまざまなハラスメントがありますが、ソーシャルハラスメントも近年、問題となっているハラスメントのひとつです。SNSは気軽につながることができるため、上司や先輩とSNSでやりとりすることもよくあります。しかし、その結果、いつの間にか勤務時間外でも連絡が来るようになるケースがあります。プライベートが侵され、圧迫感を覚える場合もあります。

★ 社内の上下関係とSNSの関係

何かのきっかけで、プライベートのSNSが上司や先輩に見つかってしまう場合もあります。友達申請をされると断りづらくもありますが、社内の関係をSNSに持ち込むとトラブルのもとにもなりがちです。

プライベートで会社の人とやりとりしたくない！

column

無意識なソーシャルハラスメント

仕事とプライベートの境界線が曖昧になりがちなSNS。そのため、一気にプライベートに踏み込んでくる人も。また、「気兼ねない関係になりたい」という上司や先輩の気遣いから、SNSで繋がるケースもあります。自分がされる可能性だけでなく、自分が同僚や先輩にしてしまうことがあることも忘れずに。

☑フォローの強要

相互フォローをしたくない、友達申請を受けたくない、という人もいます。そういう人に対して、冗談だったとしても、繋がりたいと強要することはソーシャルハラスメントにあたります。

☑いいねやリツイートの強要

SNSでの「いいね」や「リツイート」の数の多さを誇る人もいます。そこから、投稿を見たらリアクションをとるように強要するのも、ソーシャルハラスメントのひとつです。

☑アカウントの監視や過度なリアクション

相手の投稿に対して、こまめに「いいね」をつけたり、コメントするのも避けたほうがいいでしょう。プライベートも監視されているような気分になります。

☑写真の無断投稿や実名での投稿

本人の許可なく、写真や動画をSNSに投稿する行為はNG。内容によっては名誉棄損などになる場合も。確認をし、断られたものについての投稿は避けましょう。

☑プライベートでのメッセージや干渉

仕事には関係のない事柄でメッセージを送るのはやめましょう。プライベートなことに踏み込まれると不快に感じる人もいます。

★ SNSの申請を断る方法

上記のようなトラブルを避けるためには、SNSで繋がりたくない上司や先輩からの申請を断ることが必要です。失礼のない断り方としては、「個人の友達とのやりとり用なので」と丁重に断ったり、会社用の個人アカウントを作成して教える、などの方法があります。

インターネットを使いこなす心得

ネットリテラシーを身につける

マナーとリテラシー

　マナーとは相手が不愉快な気持ちにならないための最低限の行動ですが、リテラシーとはある特定の分野に関する知識や能力のことで、ネットリテラシーとは、適切にインターネットを使うために必要な知識や能力のことです。正しいインターネットの使い方や情報の見極め方の目を養うためにも、インターネットについて知るのは大切なことです。

★ 基本のネットリテラシー

一度ネットに投稿すると、全世界の人が見ることができます。そのことを常に念頭に置きましょう。また、ネットリテラシーが低いと、嘘の情報をつかまされやすかったり、無意識のうちに加害者側になっていることもあります。

☑ 不特定多数の人が見ていることを意識する

安易に個人情報を書くことがなくなり、投稿する内容を精査しようという客観性が生まれます。

☑ 一度発信したものは取り消せない

投稿したものは削除しても通信事業者に記録が残っています。一度発信したものは取り消せません。

☑ 故意でなくても加害者になることがある

会話の流れで個人情報やプライベートなことなどをうっかり発信してしまわないように注意しましょう。

☑ 情報の真偽を確かめることが大切

ソースのない情報を鵜呑みにして発信したり、デマ情報だと気がつかずに拡散したりしないようにしましょう。

★ セキュリティ対策やプライバシー保護

自分自身のプライバシー保護も大切ですが、取引先や顧客のプライバシーももちろん大切です。安易に取引先の情報や社員についての詳細を発信しないようにしてください。また、不正アクセスなどによる情報流出の危険性もあります。セキュリティ強化のためのソフトなどを活用するようにしましょう。

☑ 情報の公開範囲

メールやダイレクトメッセージなど特定の人に向けた情報を、SNS に書くのは NG です。発信していいものと悪いもの、誰になら発信していいのかを見極めましょう。

☑ ウィルスや不正アクセスによる情報流出

企業において、パソコンなどに入っている情報は個人に関するものや、自社のコアな情報など、社外秘なものが大半です。外部からのアプローチで流出しないように注意が必要です。

☑ 自動で消えるメッセージアプリを使用する

社外秘のやりとりに役立つのが、「シグナル」などの自動で消えるメッセージアプリです。設定した時間が経過すると勝手に削除されるため、スマホやパソコンの紛失や盗難による情報流出を防ぐことができます。

☑ 会社のPCや端末回線の私的利用をしない

個人的な利用はウイルス感染のおそれがあったり、友達に送るはずのメールを上司に送ってしまった、などのミスが予測されます。公私で使い分けましょう。また、リモートワーク中はフリー Wi-Fi を使うことも避けましょう。場合によっては社用携帯のテザリングや自前のポケット Wi-Fi を使用します。

column 流失して困る情報は容易に投稿しない

SNS でも Twitter の鍵アカウントや Instagram のストーリーなど、公開範囲を設定したり、時間経過で投稿を消したりできる機能があります。しかし、その情報を見た人が流出させたり、アプリ側のトラブルで公開範囲外の人に見えてしまったりすることも。見られて困るものは投稿しないようにするのが原則です。

ネットワークインシデント

インシデントとアクシデントの違いを理解しよう

インシデントとは「出来事」や「事件」を意味する言葉です。本来は要因や状態のことも「インシデント」と呼び、不慮の事故のことは「アクシデント」と呼びます。しかし、一般的に「ネットワークインシデント」という場合、故意、偶発に限らず、セキュリティを脅かす事象を指しています。

主なネットワークインシデントとその対策

◆ 不正アクセス

許可されていないユーザーがシステムに侵入すること。対策としては、強力なパスワードや二段階認証の導入が有効です。

◆ システム侵入

外部からシステムに不正にアクセスし情報を盗み出す行為。対策として、ファイアウォールやセキュリティソフトの導入が重要です。

◆ データ改ざん

不正な方法で情報を書き換える行為です。対策として、データの定期的なバックアップやアクセス権限の管理が必要です。

◆ サービス妨害

大量のアクセスでサーバーをダウンさせる攻撃を受けることがあります。フィルタリング機能やファイアウォールの設定が有効です。

ネットワークインシデントの自衛3箇条

1.情報セキュリティポリシーの理解

情報保護の基本的な考え方や対策基準を理解すること。

2.定期的なセキュリティアップデート

定期的にセキュリティアップデートを実施すること。

3.社内外での情報共有と連携

アクセス権限の設定や適切な情報共有ツールの選定が重要。

Chapter

7

制度、手続きの しくみ

社会人になると、さまざまな社会的な義務と
責任が発生します。所属する会社や組織が決
めた規則やルール、全国民に課せられる社会
保険や税金などの社会制度など、社会人とし
て必要な基礎知識を身につけましょう。

01

自分の働き方を確認

勤務形態と勤務時間

生活に合わせた勤務形態

　勤務形態は従業員の働き方のことを指し、勤務日や、勤務時間帯、勤務頻度などを定めたものです。どのような勤務形態であるかは会社によって異なり、従業員の普段の生活にも大きく影響を与えます。勤務形態には大きく分けて「固定時間制」「変形労働時間制」「フレックスタイム制」「裁量労働制」の4つがあります。

★ 勤務形態の種類

☑ 固定時間制

始業時間と終業時間が決まっている働き方です。働く側からすると、勤務日と時間が決まっているので、それ以外の時間の予定が立てやすくなります。ただ、急な予定が入ったときには調整しづらいといえるでしょう。

☑ 変形労働時間制

月単位、年単位で勤務時間を調整する働き方です。自分の都合に合わせて、勤務日と勤務時間を決めることができ、シフト制もこの働き方に含まれます。ただ、希望した日が必ず勤務日になるとは限りません。

☑ フレックスタイム制

働く側が自由に始業時間と終業時間を決められる働き方です。通勤時間をずらしたり、仕事後の時間を多く確保できたり、自分で仕事ができます。ただし、社内の人とコミュニケーションがとりにくくなることもあります。

☑ 裁量労働制

働く側に勤務時間の配分を任されます。時間に縛られずに仕事のスケジュールを組むことができます。一方で、労働時間が長くなっても残業代は支払われません。ただし、法定労働時間を超えた分は賃金が割り増しされます。

★ 規定勤務時間について

1日に働く時間は法律によって定められており、1日に8時間、1週間に40時間を超えてはならないとされています。また労働時間が6時間を超える場合は45分以上、8時間を超える場合は1時間以上の休憩をとらなければなりません。例えば、始業が9時で終業が18時の場合、1時間以上は休憩があるスケジュールになります。

● 所定労働時間が8時間の場合は1日8時間・週40時間が原則

始業				終業
	労働時間	休憩	労働時間	
9：00		12：00　13：00		18：00

★ 残業について

日常で聞く機会も多い残業というワード。しかし、正しく理解していないと、残業代の認識も異なってしまいます。一般的に、終業時間後にも働いていると残業というイメージになりますが、残業には「法定内残業」と「法定外残業」があります。割増賃金の支払いがされるのは、「法定外残業」になります。

［ 法定内残業 ］

● 所定労働時間が6時間で残業が2時間の場合

割増賃金の義務なし

法定内残業とは、会社の所定労働時間を超えていても、国が定めた法定労働時間内の範囲内のことをいいます。この場合は、法定内での労働になるので、会社側に割増賃金の支払い義務はありません。

［ 法定外残業 ］

● 所定労働時間が8時間で残業が2時間ある場合

25%の割増賃金の義務あり

労働基準法で定められた法定労働時間を超えた残業のことを法定外残業といいます。この場合、会社は割増賃金を支払わなければなりません。通常、割増賃金は1時間あたりの基礎賃金に25%割増の金額になります。

遅刻・早退についての対応

相手に伝えることがマナー

　周囲の人に迷惑をかけてしまう遅刻や早退は、社会人としては避けなくてはいけません。続いてしまうと、会社や世間からの信用を失ってしまいます。しかし、やむを得ない事情で遅刻や早退をしてしまうこともあるでしょう。その場合は、しっかりと連絡をして必要な手続きを行うなど、社会人らしい対応をすることが必要となります。

★ 遅刻するときの対応

急な遅刻でない場合は、会社の規則に従って遅刻する旨を伝え、届け出をします。遅刻の申告の仕方は会社によって異なりますので、あらかじめ確認しておくようにしましょう。また、社内・社外問わず、ほかの人の業務に支障が出ないように、周囲に引き継げることは事前に伝えておくとベストです。

☑ 始業10分前までには連絡する

体調不良や電車の遅延、寝坊などの理由で、当日に遅刻すると分かった場合は、始業10分前までに会社に連絡しましょう。たとえ怒られるとしても、遅刻の理由は正直に伝え、きちんと謝罪をします。

☑ 到着予定の時間を伝える

遅刻の連絡を入れると同時に、何時ごろに到着するかも伝えるようにしましょう。電車の遅延で時間が読めないときは、その旨を伝え、到着予定時刻が想定できた時点で再度連絡をします。

☑ 電話ができないときはメッセージでも可

できれば、謝罪とともに電話で遅刻することを伝えられればベストですが、電車やバスの中では通話がはばかられる場合もあります。そのようなときは、メールやメッセージなどで連絡をしても問題ありません。TPOに合わせて行動をしましょう。

column 電車やバスが遅延した場合

電車やバスなどの公共の交通機関側のトラブルによって遅れが生じた場合は、遅延証明書が発行されます。多くの場合、遅延証明書を提示することで遅刻ではない扱いになります。しかし、職場に迷惑をかけることは事実なので、出社後は周囲への謝罪を忘れずに。

★ 早退するときの対応

具合が悪い、どうしても優先しなければならない急用ができてしまった、など、どのような理由だったとしても、まずは上司に相談を。許可が出た場合は、周りへ仕事を引き継ぎ、そのあとの業務に支障が出ないようにします。迷惑をかけてしまうことに変わりはないので、謙虚な姿勢でいましょう。

☑ 上司に許可をもらう

急な事情で会社を早退しなくてはいけなくなったときは、必ず上司に相談して許可を得てからにしましょう。上司が席を外していて連絡がとれない場合には、その代わりになる人や、その場にいる同僚などに相談します。早退理由は明確に伝えることが大切です。勝手に帰ることだけはNGです。

column 周囲へのフォローを忘れずに

やむを得ない事情で遅刻や早退をした場合でも、そのあとの振る舞いが大事です。事情をきちんと説明した上で誠意を込めて謝罪をし、その後はいない間にフォローしてもらったことへの感謝の気持ちを伝えましょう。

欠勤・有給・公休とは？

会社を休むときの注意

　仕事を休むことは労働基準法で定められた正当な権利です。会社員の休みには3種類あることを覚えておきましょう。まず、欠勤は体調不良など、労働する側の事情で休んだ場合を指します。有給は「有給休暇」の略です。出勤日に給料を得ながら休みを取ることをいいます。最後の公休は、会社側が定めた休みのことをいいます。

★ それぞれの定義を確認しよう

☑ **欠勤**

言葉のとおり「勤めを欠く」、欠勤。労働者側が、体調不良などで出勤すべき日に休みを取ることです。出勤しなければならないのに休んだことになるので、契約の不履行に当てはまる場合も。

☑ **有給休暇**

出勤すべき日に、給料を得ながら取得する休みです。事前に申請をして取ることで出勤すべき日の労働が免除され、かつ給料が支払われます。有給は一般的に入社半年後から得ることができます。

☑ **公休**

会社側の都合で定められた休みです。土日・祝日の休みや、お盆、正月などが当てはまります。公休日に、会社の都合で出勤した場合は、対価として休日手当など特別な給与が上乗せされます。

column　ノーワークノーペイの原則

給料は従業員の「労働」の対価として支払われるため、労働をしていない場合、会社側は賃金を支払う義務はありません。この考え方を「ノーワークノーペイ」といいます。そのため欠勤に該当する日当分は給料から引かれることになります。

法律で定められた、労働者に付与される休暇が「年次有給休暇」です。正社員だけでなく、パートやアルバイトにも付与される権利で、会社側に休暇理由を提出する必要はありません。また、会社側は労働者に 1 年に 5 日以上の有給休暇を取得させることが義務付けられ、違反した場合には、会社側に罰則が科せられます。

● 取得できる条件

「半年間継続して雇用されている」「全労働日の 8 割以上出勤している」ことが、年次有給休暇が与えられる条件です。原則的に会社側は労働者が希望した日に休暇を与えるように労働基準法で定められており、不当に却下することはできません。ただし、その時期が繁忙期であったり、該当の労働者が出勤しないことで正常な事業を妨げたりしてしまう場合には、会社側は別日への変更を労働者に相談できます。

● 付与日数

一般の労働者は年 10 日の有給休暇が付与されます。その後は 1 年ごとに、最初に年次有給休暇が付与された日に休暇日数が増えていきます。この場合の「一般の労働者」とは週所定労働時間が 30 時間以上、所定労働日数が週 5 日以上の労働者、または 1 年間の所定労働日数が 217 日以上の労働者を指し、それより労働時間が短いパートやアルバイトの場合とは異なります。

勤務年数	0.5	1.5	2.5	3.5	4.5	5.5	6.5 以上
付与日数	10	11	12	14	16	18	20

● 有効期限

有給休暇は労働基準法で 2 年という有効期限が定められており、それを過ぎると失効してしまいます。そのため、失効する前に有給を取得することを、「有給を消化する」と表現することがあります。

欠勤を有給にすることは可能？

通常、欠勤した場合には給料が支払われません。しかし、有給休暇の日数が残っている場合、欠勤日をあとから有給休暇に変更することを会社に相談することが可能です。ただし、法的な規定はなく、あくまで会社の判断になります。

04

新しい生活様式

感染症とマナー

新しい生活様式に備えたエチケット

　2020年から流行した新型コロナウイルス感染症は、感染対策のためのマスクの着用をはじめ、従来のビジネスマナーに大きな影響を与えました。今後は新型コロナウイルスだけでなく、季節性のインフルエンザや感染性胃腸炎などの流行性の感染症が拡大するのを防ぐためにも、衛生面的な観点から見たエチケットが重要になると考えられています。

★ ビジネス場面での感染防止対策

ビジネスの場、特に取引先への営業の場では、感染症対策は必須のマナーです。自分がかかってしまうことはもちろん、営業先の相手にうつしてしまうことで大きな迷惑をかけてしまいます。「感染症対策への意識が低いのではないか」と営業先の相手を不安にさせないためにも、しっかりとマナーを確認していきましょう。

☑ マスクを着用する場合

感染症の多くは咳やくしゃみ、または話しているときの飛沫によって感染します。それを防ぐことができるマスクは、衛生面から見て有効なアイテムです。ビジネスのときのマスクは基本的には白、グレー、ベージュなどの落ち着いた色を選ぶようにしましょう。汚れなどがないかも訪問前にチェックしておきます。

column

マスクはマナー違反になる？

マスクは表情を隠してしまうことや、「体調不良なのに訪問したのではないか」と相手に不信感を抱かせてしまうことから、ひと昔前ではマナー違反とされていました。相手が年配の場合は「マスクのままで失礼します」とひと言断りを入れておくと丁寧でしょう。

☑ ソーシャルディスタンス

飛沫感染や接触感染を防ぐために、密室を避けて対人距離を確保しましょう。そのため、会議や打ち合わせをするときには十分なスペースを確保したり、対面会話を避けて着席するなどの気遣いが必要となります。

☑ アルコール消毒や検温

他社を訪問した際に、受付でアルコール消毒や検温を求められた場合は、必ず応じましょう。アレルギーなどがある場合には、事情を説明した上で、自前の消毒液を使用します。

★ 感染症で会社を休む場合

感染症にかかってしまい会社を休む場合、通常の体調不良による病欠とは対応が異なります。そのため、必ず会社に感染症であることを伝えましょう。

1. 会社に感染症であることを伝える

会社に欠勤を伝えるときに「体調不良」ではなく、新型コロナやインフルエンザなどの「感染症」であることを必ず伝えましょう。そうすることで、会社はほかの社員に感染症検査を促すことができ、社内感染の拡大防止になります。まだ病院での診断前の場合でも、可能性があると伝えておきましょう。

2. 医師の診断と出勤停止日数を伝える

診断結果が出たら、その内容を会社に報告しましょう。感染症だった場合、法律や会社の就業規則に沿って治癒するまで出勤停止の措置がとられます。必ず医師の指示に従って、自宅療養が必要な期間を伝えましょう。

3. 仕事の引き継ぎと在宅勤務などの相談

感染症の場合、ウイルスの排出期間の問題から3日〜1週間以上の出勤を禁止されることがあります。その間の仕事の引き継ぎや、連絡対応などの相談をしましょう。外部とのメールのやりとりも、引き継ぎ担当者への転送やCCなどを設定するようにし、自分は療養に専念できるように。体調によっては在宅勤務を相談してもよいでしょう。

05

育児のために重要

産休と育休について

子どもを育てるための大切なライフプラン

　産休とは、出産前の準備期間となる「産前休業」と、産後に体を回復させるための「産後休業」のことで、出産するすべての人が取得することができます。育休は育児休業制度のことをいい、子どもを育てるための休業制度のことです。育休は、女性だけではなく男性も取得できるのが特徴のひとつです。

★ 取得期間を確認しよう

産前休業は出産予定日の6週間前から、産後休業は出産の翌日から8週間まで取得可能です。ただ、体調がすぐれない場合は職場に相談し、調整することができます。育休については、女性は産後休業終了日翌日から、男性は子どもが生まれた日から1歳の誕生日前日まで取得できます。

	産休		育休		延長時間
産前6週	出産予定日	産後8週	6ヶ月	1歳	2歳

● 育休が延長できる条件

保育園に入れなかったり、配偶者が死亡、ケガ、病気になったりした場合、育休後に復職の見込みがあることを条件に、最長2歳までの延長が可能です。

column

父親の育児休業と産後パパ育休

子どもが1歳になるまで育児休業が可能（父母ともに取得する場合は1歳2ヶ月まで）です。2022年10月1日からは産後パパ育休が施行され、育児休業とは別に出生後8週間以内に最大4週間、2回に分割して取得できます。

★ 出産や育児中の給付金

出産は両親共に多くの不安があります。特にお金に関する不安は尽きません。しかし、産休、育休中にも受け取ることができる給付金があります。勤務先で健康保険と厚生年金に加入していると受け取ることができるのは、出産手当金と、出産育児一時金、育児休業給付金の3種です。しくみをきちんと把握して受け取るようにしましょう。

		支 給 額
出産手当金	妊娠している母親が就業者である場合に適用される給付金で、出産予定日を基準に産前6週間から産後8週間の間、会社を休んでいて給与の支払いがなかった期間を対象に支給される。出産前後の生活費を担保することが目的で、申請すると数ヶ月後に一括で支給される。	支給開始日以前12ヶ月間の各標準報酬月額を平均した金額÷30日×(2/3)の金額が、98日分が支給される。出産が遅れた分は、1日あたりの支給額×遅れた日数分が加算。
出産育児一時金	母親が就業者である場合に加えて、専業主婦の出産者を扶養する夫にも支給される給付金。早産、死産、流産、人工妊娠中絶（経済的理由によるものも含む）等、無事に出産ができなかった場合であっても支給されるのが特徴で、健診から出産、出産前後の入院費などを賄うことができる。	子ども1人につき50万円が支給される。
育児休業給付金	1歳未満の子どもの育児のために育児休業を取得した場合に支給される。育児休業開始日前2年の間に雇用保険に12ヶ月以上加入していること、また、12ヶ月以上、11日以上働いた月数があること、育児休業後に復職の予定があることなどが条件。母親と父親では支給期間が異なり、育休期間に準じるので注意が必要。	2ヶ月ごとに決められた金額が支給される。1ヶ月の支給金額は、育児休業開始から180日までは休業開始時賃金日額×支給日数×67％。181日目以降は休業開始時賃金日額×支給日数×50％になる。

※情報は2023年5月時点のものになります。

06

いざというときも安心

働けないときの保険と手当金

将来への安心を得るためのサービス

　病気やケガなど、事情があって働けなくなったとき、必然的に経済的な不安が大きくなります。今は元気だったとしても、将来的に自分の身に降りかかる可能性も。そういう場合に利用できるのが保険です。保険にはさまざまな種類があるので、自分はどういった保険を利用できるのかを確認し、もしものときのために備えておくようにしましょう。

★ 社会保険と民間保険

保険には大きく分けて社会保険と民間保険があります。社会保険は国民すべてが関わる保険のことで、民間保険は民間が運営しており、必要だと感じた人が自分の意思で加入する保険です。「保険に入っていない！」と焦る方もいるかと思いますが、社会保険には加入していることになるのでご安心を。

☑ 社会保険

国が運営する公的保険で、大人・子どもかかわらずすべての国民が加入しています。あらかじめ保険料として国民からお金を預かり、必要とする人に支給されるシステムです。医療保険、年金保険、介護保険、雇用保険、労災保険にあたります。

☑ 民間保険

民間の企業が運営しており、必要性を感じた人がお金を払って加入する保険です。すべての人が入っているわけではありません。生命保険やガン保険、地震保険など、よく目にする保険の広告のほとんどは民間保険です。

★ 働くのが困難なときの保険と手当

働けないときに利用できる保険は、労災保険（休業手当）、健康保険（傷病手当）、就業不能保険（民間）の３種類があります。給料は労働の対価として支払われるため、働くことができない間は無給ということになってしまいます。そこで生活を保障してくれるのが、社会保険の労災保険（休業手当）、健康保険（傷病手当）と、任意の民間保険である就業不能保険です。

社会保険	**労災保険（休業手当）** 仕事中や通勤中にケガをしたり、病気になったりしたことで、その後の仕事に支障をきたしたときに補償を受けることができる保険。支給額は、給与の総額と業種によって異なる。 →P236で詳しく解説
	健康保険（傷病手当） 仕事と関係ない、プライベートの病気やケガで仕事ができず、療養のため連続して３日間休んだ後、４日目以降仕事に就けず、給与の支払いもなかった日に対して支給される。支給期間は、支給開始日から通算して１年６ヶ月まで。 →P234で詳しく解説
民間保険	**就業不能保険（民間）** 民間の保険で、働けなくなり収入が減った場合でも今までの生活水準を保つ役割を果たす。「就業不能状態」は保険会社によって異なるため、自分に必要となるのはどのようなタイプなのかをしっかり検討・確認する必要がある。

うつ病など精神障害も保険の対象

見た目では分かりづらいうつ病や精神障害にも保険が適用されます。民間保険の場合、保証の条件や内容は会社によるので、契約前に確認をしましょう。社会保険の場合は、傷病手当や自立支援医療、基準を満たせば労災保険も支給されます。

07 ケガで働けないときの保障

健康保険（傷病手当）

健康保険を払っている人の権利

　傷病手当とは、病気やケガで休業している間に被保険者の生活を保障するための制度です。健康保険に加入していれば、正社員だけではなくパートやアルバイトでも支給されます。医師の指示で、療養中であれば、入院や通院の有無は問われません。申請に医師の診断書は必要ありませんが、会社が休職の可否を判断するために求められる場合があります。

★ 支給の条件

☑ 業務外の理由による病気やケガ

業務災害以外の病気やケガが理由で仕事を休むことになり、その間の給与が支払われない、もしくは給与が減り、その額が傷病手当の給付額より低い場合。

☑ 仕事に就くことができないこと

会社の求める労働内容に準じることができない状態。医師による診断書は必要ないが、傷病手当金申請書の該当ページに療養担当者（医師）が記入する必要がある。

☑ 連続する3日間を含み4日以上就業できないこと

連続して3日間を含む4日以上仕事を休んだ場合。最初の3日間は待機期間で、4日後から支給対象になる。待機期間には、有給休暇、土日・祝日等の公休日も含む。

column　支給できないケース

あくまでも給与が支払われない場合の経済的負担を軽減する制度なので、仕事を休んでいる間に給与が支払われる場合は、支給されません。ただし給与の支払いがあっても、その給与日額が傷病手当金の日額より少ない場合、傷病手当金と給与の差額が支給されます。

★ 支給額

支給開始日より以前の 12 ヶ月間の標準報酬月額を平均した金額がベースとなります。12 ヶ月の間に月額の給与が上がっていたとしても、12 ヶ月の平均になるので注意が必要です。このベースの金額の 30 分の 1 の額の 3 分の 2 に相当する額が 1 日あたりの支給金額になります。

［計算式］

支給開始日以前12ヶ月間の各標準報酬月額を平均した額 ÷30日 × ($\frac{2}{3}$)

支給開始日は最初に傷病手当が支給される日を指します。支給開始日以前の期間が 12 ヶ月に満たない場合は、継続した月の標準報酬月額の平均額か、標準報酬月額の平均額のどちらか低いほうが適用されます。

※「国家公務員共済組合（国共済）」「地方公務員共済組合（地共済）」「私学共済事業（私学共済）」から支給される傷病手当金の場合は、それぞれ異なる計算式になります。

★ 支給期間

傷病手当が受けられる期間は、支給開始日から通算して 1 年 6 ヶ月に達する日までになります。途中で出勤し、給与の支払いがあった場合、その期間は除きます。支給期間については令和 4 年 1 月 1 日から現制度に変更になっており、支給開始が令和 2 年 7 月 1 日以前の場合は支給開始日から起算して 1 年 6 ヶ月までとなります。

● 支給開始日から通算して1年6ヶ月まで

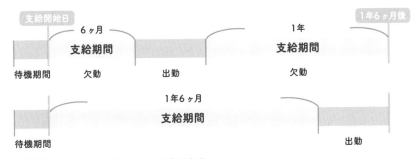

※情報は 2023 年 5 月時点のものになります。

08

労災保険（休業手当）

労働者を守るための社会保険

「労災」とは、通勤中や仕事中などにケガや病気をしてしまう「労働災害」のことです。労災によって働くことができない間の賃金の代わりに保険給付を行い、生活を保障するしくみを「労災保険制度」といいます。業務内容の過失の有無や雇用形態（パート、アルバイトなど）は関係なく、原則的に雇用側が保険料を負担します。

★ 支給の条件

☑ 療養している

業務災害や通勤災害によって療養中であることが条件のひとつです。また、業務災害が発生してから3日以上の待機期間が経過していると、支払われます。3日以内に復帰した場合は支払われません。

☑ 労働に従事できない

療養中のため、労働できない状態であることも条件になります。療養中に、賃金が発生する労働をしていた場合は、補償は支払われません。無理をして働くことで、受給の機会が失われることになります。

休業特別支給金

労災保険の各給付金に、さらに上乗せして支払われる給付金です。社会復帰促進のための労働福祉事業に位置付けられ、休業1日につき給付基礎日額の20%相当額を受け取ることができます。

★ 支給額

労災保険から支払われる補償は給付基礎日額の 60% となります。休業特別支給金はそこに 20% 上乗せされ、休業補償給付金も支払われる場合は全体で日額の 80% が支払われることになります。日額は、休業直前の 3 ヶ月の期間の暦日数を割って計算されます。ダブルワークをしていれば、すべての勤務先の賃金の合計で計算します。

休業補償給付金の計算式	休業特別支給金の計算式
給付基礎日額の 60%× 休業日数	給付基礎日額の 20%× 休業日数

★ 支給期間

休業補償給付金は休業した 4 日目から休業が続く間、受給することができます。上限はないものの、ケガや病気から快復し、労働できるようになれば、受けられません。また、1 年 6 ヶ月が経過した時点で障害等級第 1 級から第 3 級に当てはまれば、傷病補償年金に切り替わります。それ以降は一定額を受け取ることになります。

［支給開始日から通算して1年6ヶ月までの流れ］

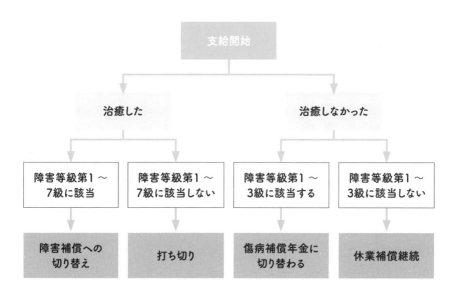

09

円滑に会社を辞める

退職するときの手続き

自分や会社にとってスムーズな退職をしよう

　勤務している会社を退職したい場合、法的には2週間前までに退職の意思を会社側に伝えれば問題ありません。その後、上司と退職日を決め、自分が担当していた業務の引き継ぎをし、退職届を出すのが一連の流れになります。一度、退職を願い出たら、あとから取り消すことはできないため、慎重に決めましょう。

★ 退職までの流れ

1. 退職の意思を伝える

上司にアポイントをとり、退職の意思を伝えます。このときに、退職（労働契約の解除）を会社に願い出るための書類である「退職願」を提出します。

2. 退職日、引き継ぎなどを相談

退職したい時期を伝え、現場の業務に差し支えのないタイミングを上司と相談します。自分が担当していた仕事の引き継ぎはきちんとしましょう。

3. 退職届を提出

退職することが確定したら、退職理由、退職日、退職願を記入した日付、署名、捺印を記入した「退職届」を提出します。会社規定のフォーマットがあったり、提出先が決まっていたりなど、会社ごとにそれぞれの決まりがあるため、就労規則を確認しましょう。ちなみに混同されやすいですが、「辞表」は会社役員や経営者などが退職する場合に提出するもので、「退職届」とは異なります。

★ 退職日までにすること

退職までにはさまざまな準備があります。自分が返却するもの、会社から受け取るものなど、あらかじめどのような準備が必要なのかを把握しておくと、スムーズに進めることができます。特に書類は離職後に必要になるものも多くあります。

会社に返却するもの	会社から受け取るもの
・社員証 ・自分の名刺、取引先の名刺 ・健康保険証 ・貸与されていた備品、パソコンなど ・制服 ・業務で使用した書類など	・離職票（転職先が決まっていない場合） ・雇用保険被保険者証 ・年金手帳 ・源泉徴収票

★ 退職後にすること

退職したあとも、いくつかの手続きを行わなければなりません。すぐに転職する場合は転職先の会社が行ってくれる処理もありますが、間が空く場合は年金や保険の切り替え、住民税の申請など、自分でやらなければならないことも多々あります。漏れがないように退職前にチェックしておきましょう。

年金・保険の切り替え	失業手当の申請	住民税の手続き
退職すると社会保険を抜けるため、新たに健康保険に加入します。また、厚生年金から抜けるので、退職後14日以内に国民年金に切り替える必要があります。	雇用保険に加入していた場合は失業手当を受け取ることができます。すぐに転職しない場合、かつ再就職をする意思がある場合は、手当を受け取る手続きを行いましょう。	退職する月によっては、自分で納税を行わなければなりません。その場合は自宅に郵送されてきた納付書に基づいて支払いを行います。

退職届が受理されない場合

上司や会社が退職届を受理してくれないという相談がありますが、法律上では社員が退職の意思を伝えるだけで退職が可能です。どうしても直接受け取ってもらえない場合には、内容証明郵便などで退職届を会社に提出するという方法もあります。

10 会社を辞めたあとに必要な
失業手当（雇用保険）

失業した人のための保険

　仕事を辞めて次の就職先が決まっていない状態で、不安になるのはお金のことでしょう。そんな不安を少なからず解消してくれるのが、「失業手当（雇用保険）」です。雇用保険に加入していれば、失業した際の給与額や年齢などに応じて給付されます。ただ、これは誰でももらえるというわけではなく、いくつかの条件があります。

★ 必要な書類と手続き

退職後、会社から離職票を受け取ったのち、ハローワークで離職票と求職票を提出します。その後、雇用保険受給説明会に参加し、ハローワークの窓口などで求職活動を行いましょう。失業手当は求職活動を行っていないと給付されません。失業の認定日に求職活動報告後、失業手当が給付されます。

● 失業手当を受け取る流れ

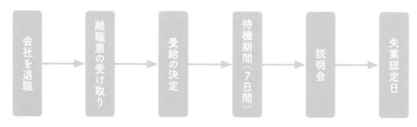

会社を退職 → 離職票の受け取り → 受給の決定 → 待機期間（7日間） → 説明会 → 失業認定日

column 失業認定日について

ハローワークで失業状態であると認定される日で、就職が決まるまで4週間ごとに指定されます。前回の認定日からの期間内に行った求職活動の実績を失業認定申告書に記入して提出することで、活動実績が認められ手当金が支給されます。

★ 受け取り期間

手当の受け取り期間は、退職の理由が会社都合か自己都合かによって異なり、自己都合の場合は 90 日から 150 日まで、会社都合の場合は 90 日から 330 日までになります。給付開始日は、会社都合の場合は 7 日後から受け取ることができますが、自己都合の場合は、それにプラスして約 2 ヶ月間は手当を受け取れません。

● 会社都合の場合

待機期間7日間 | 所定日数の支給（90日〜330日）
給付開始 | 受給終了

● 自己都合の場合

待機期間の7日間 | 給付制限2ヶ月 | 所定日数の支給（90日〜150日）
給付開始 | 受給終了

※自己都合退職における 2 ヵ月間の失業給付制限期間をなくし、「待機期間の 7 日間のみ」に短縮することが現在政府で検討されており、変更される可能性があります（2023 年 5 月現在）。

自己都合を会社都合に変更できる場合

会社に自己都合の退職として処理されてしまった場合でも、退職の原因がハラスメントや毎月 45 時間以上の残業時間、給料未払いなどであり、その証拠を提示することができれば、ハローワークを通じて後から会社都合に変更することが可能です。

★ ハローワークでの活動実績

派遣会社への登録や、ネットでの求人情報検索などは活動として認められないため、注意しましょう。

● 認められる活動の一覧

求人への応募／ハローワークや公的機関が開催する職業相談・職業紹介・各種セミナーの受講／許可・届け出のある、民間事業者が開催する職業相談・職業紹介・各種セミナーの受講／再就職に役立つ国家試験や検定の受験など

転職についてのマナー

社会人としての自覚をしっかり保つ

　就職活動はしたことがあるから、転職活動も心配ないと思っている人もいるでしょう。実は転職活動では、新卒採用のときよりも厳しくマナーをチェックされます。というのも、すでに社会人としてのビジネスマナーを身につけているはずだからです。慣れてしまい、基本をおろそかにしてしまうと、マイナスポイントになるので注意が必要です。

★ 準備するものを確認

転職活動を行うなかで気になる求人情報を見つけたら、まず必要になるのが履歴書と職務経歴書の作成です。適当な書き方をしていると、書類選考の段階で落とされてしまう可能性もあります。初心を忘れずに丁寧に、そして新卒のころよりも充実した書類を作成するようにしましょう。

☑ 履歴書

履歴書には複数のテンプレートがあり、「志望動機」や「職歴」「長所・アピール」のスペースが多いものもあります。特別な指定がない場合は、自分がアピールしやすい形式のものを選びましょう。

☑ 職務経歴書

これまで携わってきた具体的な仕事内容と実績について、その規模や影響範囲が客観的に分かるように、「昨年対比〇%」「業務時間を〇時間短縮」「〇人中〇位」というように数値を交えて記載します。

column 自分をしっかりとアピールする

第二新卒の強みは、将来性があるだけではなく、社会人としての経験もある点です。また、柔軟に業務に取り組むこともできます。一方、中堅に期待されるのは即戦力です。自分は何ができるのかを明確にし、役立てるポイントについてアピールしましょう。

他人からの紹介などがない場合、ひとりで企業の求人情報を探したり、応募したりすることは大変です。そのときに役立つのが、転職を支援する転職エージェントです。基本的に無料で登録でき、企業からの求人紹介や、履歴書の添削や面接の練習などのサポートも行ってくれます。

1. 転職エージェントに登録

初めてでどの転職エージェントに決めればいいのか分からないときは、求人数が多い大手のサイトに登録するのが無難です。そのほか、第二新卒に特化していたり、希望業種に特化したりした転職エージェントなどもあります。ひとつのサイトに絞らず、複数のサイトに登録して、同時に進めることがおすすめです。

2. 担当のエージェントと面談

自分の転職をサポートしてくれるエージェントの担当と転職活動の計画を相談します。このときに「業界や職種」「勤務形態」「勤務地」「年収」「福利厚生」など、自分が転職先に希望する条件を決めておくと、スムーズに進みます。また、当然ながら、面談の日時や提出書類の期限を守ることは、社会人として必須です。

3. 求人を探す

自分で検索するほか、エージェントが利用者の希望に沿った求人情報を提供してくれます。ネットに掲載されていない情報や、質問したいことなどがあった場合は、エージェントを通して企業に確認してもらうこともできます。

4. 書類応募と面接

履歴書や職務経歴書を作成してエージェントを通して送ります。その際に、添削のサポートをしてもらうことが可能です。書類審査を通過したら、ほとんどの企業で面接が行われます。面接後は、エージェントに報告するようにしましょう。

 column **オンライン面接も基本は同じ**

近年では、オンラインで行われる面接も増えています。その際のマナーも気になるところですが、基本的にはこれまでの面接のマナーと変わりません。オンライン面接だからと気を抜いていると、その姿勢が仕事に反映されると思われる場合もあるので、緊張感は保つようにしましょう。挨拶などもハキハキと。

12

しない、させない

ハラスメントについて

他人事ではない大切な意識

「いじめ」や「嫌がらせ」という意味を表すハラスメント。ハラスメントにはセクシャルハラスメントや、パワーハラスメント、マタニティハラスメントなどがあり、職場においても大きな問題になることが多々あります。気づかずにハラスメントを行っていることもあり、年齢や性別に関わらず、現代社会において注意すべきものとなっています。

★ パワーハラスメントとは？

職場で問題となることが最も多いのがパワーハラスメント（パワハラ）です。職場での優越的な関係を背景に、業務上必要かつ相当な範囲を超えて精神的・身体的な苦痛を与え、就業環境を害する行為のことです。パワハラには6つの行為類型があります。パワハラをしていないか、もしくはされていないか、確認してみましょう。

1 肉体的な攻撃	殴る、蹴る、突き飛ばすなど、暴力をふるうケース。
2 精神的な攻撃	脅迫や名誉毀損、侮辱、暴言など、精神的侵害のこと。
3 人間関係の切り離し	仕事を教えない、度が過ぎた無視や仲間外れにすること。
4 過大な要求	業務において明らかに達成できないようなノルマを課すこと。
5 過少な要求	単調で、程度の低い作業だけを与え続けること。
6 個の侵害	プライベートに過剰に踏み入ること。セクハラになる場合も。

★ 職場で起こるさまざまなハラスメント

☑ パワーハラスメント

職場において優越的な関係を背景とし、業務上必要もしくは相当な範囲を超えた言動で、社員の就業環境が害されることを指します。客観的に見て、相当な範囲で行われるものについてはパワハラに該当しません。

☑ セクシャルハラスメント

職場において行われる労働者の意に反する性的な言動により、労働者が労働条件について不利益を受け、就業環境が害されることです。性的指向や性自認に関する偏見に基づいた言動も含まれます。

☑ マタニティハラスメント／パタニティハラスメント

妊娠や出産、育児に関して職場で不当な扱いや嫌がらせを受けることです。出産を理由に解雇したり、時短勤務や育休を取得する社員へ嫌がらせをしたりすることを指します。

☑ モラルハラスメント

倫理や道徳に反する精神的な暴力や、言葉や態度による嫌がらせのことを言います。多いのが「話しかけても返事をしない」などといったような嫌がらせです。加害者側にハラスメント意識が低い場合もあります。

☑ セカンドハラスメント

職場でハラスメントを受けた人が、勇気を出して相談や告発をしたにもかかわらず、周囲からバッシングを受けたり仕事の協力を得られなかったりするような、二次被害を受ける事態を指します。

☑ その他のハラスメント

ICTツールに不慣れな人への「テクノロジーハラスメント」、宴席などで飲酒を強要する「アルコールハラスメント」、就活生に他企業への就職活動をしないように要求する「就活終われハラスメント（オワハラ）」などがあります。

LGBTQハラスメント

性的指向や性自認に関連して、差別やいじめ、暴力などといった嫌がらせのことをいいます。日本では、異性愛が前提で話を進められる傾向にありますが、それが不適切になる場合も。また、どういった場合でも、恋愛や結婚はプライベートな事柄です。仕事にも関係がないため、取り上げるべき話題ではありません。

13

ひとりで悩まないための

ハラスメントへの対応について

相談して解決を目指す

　ハラスメントに遭った場合、我慢をしてしまう人も多いかもしれません。しかし、それでは何も解決しないことを心に留めておきましょう。正しいステップを踏み、しかるべき場所に申し出れば、ハラスメントは解決できます。また、ひとりで抱え込まず、信頼できる人に相談してみることも重要。普段から社内外にそういう存在をつくっておきましょう。

★ ハラスメント被害に遭ったら

ハラスメントを受けたと感じたときに、「自分が気にしているだけで、これはハラスメントではないのかもしれない」と判断に迷うこともあるかもしれません。原則、ハラスメントか否かを決めるのは当人の受け取り方によりますが、窓口に相談したり裁判などで認められるためには、客観的な証拠を残すことが大切です。

☑ 記録をとる

ハラスメントを相談する場合、客観的に見てハラスメントが行われていた事実があるかどうかが重要になってきます。いつ、どこで、誰が、何をしたのか、ということをメモや録音などで記録しておきましょう。
証拠例）パワハラの現場が記録された録音、録画／医師診断書／同僚の証言／業
　　　　務日報／メールやLINEの記録など

☑ 人事や窓口に相談

会社の人事部や、社内相談窓口に相談をしましょう。相談した社員が不利益にならないよう、プライバシーの確保に配慮されているので、誰かに漏れる心配はありません。社内に窓口がない場合は外部に相談を。（→ P248）

★ ハラスメントを発見したら

「もしかしたらハラスメントを受けているかもしれない」という場面を目撃したら、それだけで重要な気づきになります。積極的に声をかけたり、相談に乗るようにしましょう。当人が追い詰められて冷静な判断ができなくなっている場合もありますので、でき得るかぎりのサポートをしましょう。

☑ 人事や上司に相談をする

人事部や相談窓口などに行くことをすすめるのがベストですが、本人が動けない場合もあります。その場合は事情を聞いて、代わりに相談に行くことも重要です。他部署の場合は自分の上司に相談、報告することもひとつの手段です。

☑ セカンドハラスメントに注意

ハラスメントを受けた当人に元気を出してほしい、と寄り添うのはとても大切なことです。会話のなかで「気にしすぎではないか」「あなたにも悪いところがあったのではないか」などと言ってしまうと、被害者への二次的な加害になってしまうことがあります。

★ 無意識なハラスメント加害をしないために

「ハラスメントをしたつもりなんてなかった」と言う人もいるかもしれませんが、行きすぎた行動はハラスメントにつながる場合も。叱咤激励をしているつもりがパワハラになっていたり、「○○するべき」という強い固定概念がハラスメントになることもあります。そのため、必ずしも上司から部下だけでなく、入社1年目でも他人に対してハラスメントをしてしまう可能性があるのです。

感情的にならない	感情的だと冷静さを欠き、相手が傷つく言葉を発している場合もあります。
相手の性格・立場を考慮する	強い立場からの言葉は、相手に威圧感を与える場合があります。
プライバシーに踏み込まない	プライバシーに踏み込むことで不用意に傷つけるケースもあります。
乱暴な言葉を使わない	乱暴な言葉はそれだけで相手を威圧します。大きな声もNG。
嫌がられる行為を繰り返さない	本人はおもしろがっているだけでも、相手は不快な場合があります。

14

権利を正しく使うための

ハラスメントをしないための注意

あらゆる方向からアプローチをする

　企業には、社員が仕事をしやすいようにさまざまな制度が用意されています。しかし、それが上司の一存で使わせてもらえないという相談があります。例えば、有給や産休が認められないなどといったケースです。これは不当な行為であり、権利を侵害されていることになります。泣き寝入りせず、しかるべき窓口に相談をしましょう。社内のほか、外部窓口への相談も効果的です。

★ 社内で相談する

さまざまな制度の申請について、上司に拒否されたときは社内の窓口に相談をしましょう。拒否することは違法になります。人事部のほか、相談窓口、また労働組合に加入している場合は、組合への相談も有効です。我慢をせずに相談することが、自分自身だけではなく、社内全体にプラスに働く場合もあります。

● **例）有給取得の拒否、産休・育休取得の拒否……など**

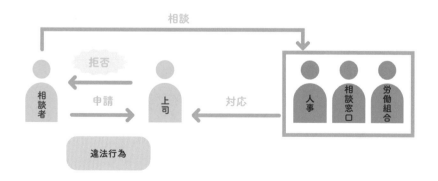

社内で相談したけれど、取り合ってもらえず、解決に至らなかった場合も、諦める必要はありません。外部の機関に相談することで解決に導かれることも多くあります。外部の相談機関としては、労働局、法テラス、外部の労働組合などが挙げられます。場合によっては、弁護士を雇うことも有効です。

労働局の総合労働相談コーナー

全国の労働局や労働基準監督署など379ヶ所に設置されている、労働者のための相談窓口です。解雇や雇い止め、不当な配置転換、賃金の引き下げ、採用などに関する問題のほか、ハラスメントの相談にも乗ってくれます。相談にあたって予約は不要で、費用もかからず、専門の相談員が面談または電話で対応します。

法テラス

ときどき耳にすることもある「法テラス」は通称で、正式には「日本司法支援センター」という、国が設立した法的トラブル解決のための相談窓口です。民間でのトラブルについて法制度の情報提供をしたり、ひとつの案件につき、3回まで無料で弁護士に相談することができます。そのため、弁護士に相談するか悩んでいるときに、最初のステップとして利用するのがおすすめです。

外部の労働組合（ユニオンなど）

勤めている企業を問わず、社員が自由に加入できる労働組合のことです。そのため、勤めている会社内に労働組合がない場合は強い味方となります。ユニオンは社員に代わって企業側と交渉する権利（団体交渉権）を持った組織で、交渉を申し込まれた企業は法律でそれを拒否することはできません。未払い残業代の回収や有給消化など、労働者としての権利行使をするためのサポートを行います。

仕事をしながら資格を取得

独学で取得しやすい資格ベスト10

スキルアップ、キャリアアップを狙うのであれば、資格を取るのが早道です。国家試験には企業にその資格者を雇用することを義務付けている「設置義務資格」もたくさんあります。将来に備えるのに、いまがんばっておいて損はないのです。

日商簿記3級

商取引の基本的な知識が身についているかを問う国家資格です。経理や会計以外でも知っておいて損はありません。

ITパスポート

IT系では最もベーシックな資格で、国家資格になります。基礎知識を問うもので文系・理系問わず受験者はいます。

FP3級

お金に関する基礎知識を問う国家資格です。学科と実技があります。独学でも十分合格できる難易度です。

秘書検定

民間の資格ですが、受験することでビジネスマナーなどが身につくので、チャレンジする価値が高い資格です。

宅地建物取引士

不動産取引に関する知識を問う国家資格です。宅建士を目指さずとも、不動産に関する知識は各方面で役立ちます。

危険物取扱者乙種

危険物を取り扱う業種であれば有資格者を雇わなければならない国家資格です。取得しやすいのは乙種です。

衛生管理者

労働者の健康管理などに関する国家資格です。50人以上の企業であれば資格者を設置する義務があります。

防火管理者

収容人数30人以上の施設で有資格者の設置が義務付けられている国家資格です。講習会の受講で取得できます。

ウェブデザイン技能検定

直接的に仕事に結びつくことは少ないですが、ITの基礎知識を身につける役に立つ国家資格です。

自動車運転免許

一般的な資格ですがこれも立派な国家資格です。費用はかかりますが、取得しやすいのがメリットです。

Chapter

お金の基本

社会に出て働いて給料を稼ぐということは、経済的に自立するということです。社会人として必要不可欠なお金の流れに関する基礎知識や、将来のための資産形成についての制度などを確認しましょう。

お金の流れを確認

給与から納税までの流れ

得るお金と支払うお金

　給与とは仕事をした対価として事業主から支払われるものです。給与には、基本給のほか、家族手当や通勤などといったさまざまな手当、場合によっては賞与、報酬なども含まれます。一方で、所得税や厚生年金などの各種税金や保険料をその給与から支払わなければなりません。税金の納付は日本国民の義務として定められています。

★ 給与の額面と手取りとは？

給与の額面とは、事業主から支払われる金額の合計のことです。一方、よく耳にする手取りとは、実際に受け取ることができる金額のことです。一般的には所得税や住民税、社会保険料などが引かれて支払われます。額面から天引きされることを控除といい、額面から控除を引いた金額が実際に手にする金額です。

基本給＋各種手当など		税金や各種保険料など		実際に振り込まれるお金
「**額面**」 （支払額）	－	「**控除**」 （天引き）	＝	「**手取り**」 （振込額）

控除額は額面で変わる

額面によって、所得税や住民税などは異なってきます。それに伴って、控除金額も変化します。額面の8割程度が手取りと考えておくとよいでしょう。

[税金]　所得税→P258
　　　　住民税→P260
[保険]　厚生年金保険→P262
　　　　健康保険→P262
　　　　雇用保険→P262
　　　　介護保険→P262

所得税は毎月の給与から源泉徴収という形で引かれています。ただ、その所得税は概算で引かれているので、正確な所得税の金額は年末に確定することになります。それぞれの状況に応じて受けられる控除も異なるので、何が控除されるのか確認した上で、所得税額を確定する計算を事業主側が行います。

社員の負担を減らすために、代わりに計算をして引いておくよ

控除って？

控除とは差し引くという意味です。控除には、基礎控除や配偶者控除・扶養控除などがあり、所得控除は所得から、住宅ローン控除などの税額控除は税額から差し引かれます。人によって控除内容は異なります。

所得税が決まって実際に払うのは年末。それまでは概算で払っておこう！

税金や社会保険料の支払いについて

社員の健康保険料や厚生年金保険料などは毎月事業者側が納付しなければなりません。住民税は前年の給与所得によって決定するため、入社2年目の6月の給与から差し引かれるようになるので注意が必要です。

12月になったから年末調整で差額を確認！

年末調整って？

年末調整は、所得税の過不足を清算する手続きで事業主が行います。所得が確定したら、税額が確定するので仮に払った税金と精算します。また、医療費控除を受ける場合などは、自分自身で確定申告をする必要があります。

年末調整が終わったから源泉徴収票を渡すね

源泉徴収票って？

1月1日から12月31日までの1年間の自分の収入と、納付した所得税が記載されたものが源泉徴収票です。年末調整の計算が終わったあと交付され、確定した所得税もここで確認することができます。

02

自分の給料をしっかり把握

給与明細の見方

確認することを習慣化しよう

毎月、勤務先から渡される「給与明細」。ここには、さまざまな項目が記載されています。実際に振り込まれる手取り金額しか見ていない人も多いかもしれません。しかし、自分がどれだけの金額が天引きされているのかをしっかりと把握していることも、社会人のたしなみです。場合によっては、気づかないうちに損をしている可能性もあります。

★ 4つのチェックポイント

給与明細	2023年　4月分 山田太郎　様 株式会社　ビジネス商社	捺印

今月もご苦労様でした

支給	基本給	役職手当	住宅手当	家族手当				①
	240,000	17,000	20,000	0				
					残業手当	休日出勤	深夜残業	
					0	0	0	
		通勤課税	通勤非課税		課税計	非課税計	総支給額	
			11,910		277,000	11,910	288,910	
控除	健康保険	介護保険	厚生年金	雇用保険	社会保険計			②
	13,734	0	25,620	1,733	41,087			
	源泉所得税	住民税						
	5,990	10,800						
						非課税	控除合計	
							57,877	
勤怠	出勤日数	有給日数	欠勤日数	所定内出勤				③
	20	2	0	160:00:00				
	残業日数	休出日数	休出時間	深夜残業	早退回数	早退時間		
	0							
記事					給与振り込み	現金支給額	差し引き支給額	④
					231,033円	0	231,033円	

① 支給欄

支払われる給与の内訳を確認できます。基本給は給与のベースとなる固定賃金のことで、そのほか、住宅手当や家族手当などの手当、残業手当や休日手当の詳細についても記載されています。

手当や時間外労働をしっかりチェック

法定労働時間の1日8時間、週40時間を超えて働いた場合は25%以上、法定休日に働いた場合は35%以上の割増賃金を支払うことが労働基準法で決められています。実際の勤務時間とズレがないかチェックしましょう。また、各種手当を事前に就業規則で確認を。

② 控除欄

控除の欄に記載されるのは、給与から天引きされる社会保険料や税金などの内訳です。社会保険料には、雇用保険、健康保険、介護保険、厚生年金などがあります。税金は、住民税と所得税が天引きされます。また、40歳以降は介護保険料を負担することになります。

③ 勤怠欄

勤怠とは「出勤と欠勤」のことです。出勤、欠勤した日数のほか、残業時間、休日労働時間などが記載されています。給与は勤怠情報をベースに計算されますので、自分の勤務時間が正しく反映されているか確認しましょう。照らし合わせやすいよう、自分でも勤怠をメモしておくといいかもしれません。

④ 振込額と支給額

支給額が勤怠とズレていないかを確認し、その支給額から控除額を差し引いて、給与振込（差引支給額）と違いはないかチェックしましょう。万が一、間違いがあった場合は速やかに上司や経理担当者に相談しましょう。「間違っているかもしれないので確認してみてほしい」というマイルドな伝え方がベストです。

現物支給について

現物支給とは、金銭以外で経済的利益を支給されることです。現物支給のほか、商品の割引販売、物や資産を無償、もしくは相場よりも低い金額で譲渡されることなどが挙げられます。その場合、原則として通貨に換算して、給与所得として課税されます（食事、住宅や寮、通勤定期券などは一部非課税）。

社会人としての義務

税金について知ろう

公的サービスのために支払うお金

　税金とは、公的なサービスを行うための費用に充てるために徴収されるものです。社会保障や福祉のほか、道路などといった社会資本整備、教育、警察、防衛が公的サービスにあたります。見まわしてみると、想像以上に税金で賄われていることが分かります。国民同士が互いに支え合って社会をつくっていく上で、税金は欠かせないものとなっているのです。

★ 税金の種類

税金と聞いてすぐに思い浮かべるのは、所得税や消費税などではないでしょうか。実は税金は約50種類もあるのです。支払い方によっても分類されており、納税者と税金を負担する人が同一人物となる税金の直接税、納税者と税金を負担する人が異なる税金の間接税があり、これらは国に払う国税と、住んでいる地域に払う地方税にさらに分類されます。

	直 接 税	間 接 税
国税	所得税、法人税、相続税、贈与税　など	消費税、酒税、たばこ税、関税、揮発油税、自動車重量税　など
地方税	住民税、事業税、自動車税、不動産所得税、固定資産税、軽自動車税　など	地方消費税、道府県たばこ税、ゴルフ場利用税、市町村たばこ税、入湯税　など

★ 給与から直接引かれる税金

給与から直接引かれる税金は、所得税と住民税の2種類です。所得税は国税で、住民税は地方税となります。地方税は、自分が住んでいる都道府県、市区町村に支払う税金のことをいいます。どちらも、所得に応じて額が変わりますが、国税と地方税では計算の仕方が異なるので、金額も異なり、別々に納付します。

所得税	所得税とは、収入から経費などを引いた個人の所得に対してかかる税金。所得が多くなればなるほど、税率が高くなる。また、会社に勤めている場合と個人で仕事をしている人では納税方法が異なる。
住民税	住んでいる都道府県、市区町村に収める税金。住民税の内訳は都道府県民税と市区町村民税となっており、一緒に納付する。住民税は前年の所得に応じて負担税額が異なるので、社会人1年目は支払いがない。 ※前年にアルバイトなどで給与年収がおよそ100万円以上の場合は、住民税を支払う必要がある。

★ ふるさと納税のしくみ

ふるさと納税とは、故郷や応援したい自治体に寄付できる制度のことです。自己負担金の2,000円を除き、寄付金の全額が「寄付金控除」を受けられます。自己負担2,000円となる寄付金額は、年収や家族構成によって違いますが、寄付をした自治体からは特産品などの返礼品を受け取れるなどメリットも多くあります。

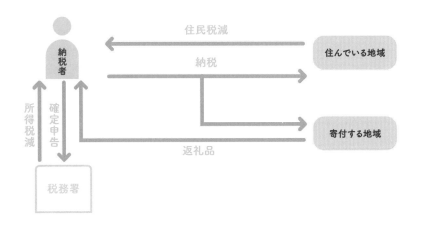

04 所得税のしくみ

個人の所得に対する直接税

　所得税とは、会社からの給与や商売などで稼いだ個人が得た所得にかかる税金のことです。1年間の全所得から、所得控除を引いた金額が課税対象となります。控除は家族の構成や、本人の状況によって変化するため、人によって異なります。また、控除後の所得額が高くなるにつれて適用される税率は高くなり、これを累進課税といいます。

★ 所得税の決め方

まず、所得とは1年間の収入の総額ではなく、そこから必要経費を引いた額のことです。さらにそこから控除額を引きます。控除には、雑損控除、医療費控除、社会保険料控除など、さまざまなものがあるので、自分には何が当てはまるのか確認しましょう。控除を引いた金額に税率をかけて所得税額を決定します。

$$(\text{①　所得　} - \text{②　所得控除　}) \times \text{③　税率　} = \text{　所得税額}$$

① 所得

ひと言で所得といっても10種類に分かれています。利子所得、配当所得、不動産所得、事業所得、給与所得、退職所得、山林所得、譲渡所得、一時所得、雑所得があります。それぞれの所得によって、必要経費の範囲や所得の計算方法などが決まっています。給料は経費として「給与所得控除」が認められており、収入から自動的に計算されます。

$$\text{給与所得　} = \text{　給与収入　} - \text{　給与所得控除額}^{※}$$

※給与所得控除額…給与収入162.5万円までは控除額55万円。以降は金額によって自動的に決まる。

② 所得控除

所得控除とは、所得税の金額を計算するときに、所得から差し引く一定の金額のことです。所得額が大きくなればかかる税金も増えますが、納税者に合わせて控除は異なり、15 種類あります。

15 の 控 除 項 目	
1. 雑損控除…災害や盗難などで損害を受けた場合に適用される控除。	2. 医療費控除…医療費（家族分も含む）が一定額を超えた場合に適用される控除。
3. 社会保険料控除…社会保険料（家族分も含む）を支払った際に適用される控除。	4. 小規模企業共済等掛金控除…小規模企業共済の掛け金などを支払った場合に適用される控除。
5. 生命保険料控除…生命保険料、介護医療保険料などを支払った場合に適用される控除。	6. 地震保険料控除…地震保険料などを支払った場合に適用される控除。
7. 寄付金控除…国や地方公共団体などに一定額寄付をした場合に適用される控除。	8. 障害者控除…納税者または同一生計配偶者などが障害者の場合に適用される控除。
9. 寡婦控除…配偶者と離婚、死別した場合に適用される控除。	10. ひとり親控除…納税者がひとり親の場合に適用される控除。
11. 勤労学生控除…給与所得が一定水準に満たない学生に適用される控除。	12. 配偶者控除…年間 48 万円以下の所得金額の配偶者がいる場合に適用される控除。
13. 配偶者特別控除…年間 48 万円超 133 万円以下の所得金額の配偶者がいる場合に適用される。	14. 扶養控除…扶養する家族がいる場合に適用される控除。
15. 基礎控除…所得に応じて金額を控除する。合計所得金額が 2,400 万円以下の場合、48 万円、2,400 万円超 2,450 万円以下は 32 万円、2,450 万円超 2,500 万円以下は 16 万円が控除。2,500 万円超は 0 円となる。	

③ 税率

累進課税は控除後の所得額が高くなるほどに高くなります。これには所得緩和の役割があり、所得や財産が少ない人に分配する所得の再分配を行うことができます。

課 税 さ れ る 所 得 金 額	税 率	控 除 額
1,000 円 から 1,949,000 円まで	5%	0 円
1,950,000 円 から 3,299,000 円まで	10%	97,500 円
3,300,000 円 から 6,949,000 円まで	20%	427,500 円
6,950,000 円 から 8,999,000 円まで	23%	636,000 円
9,000,000 円 から 17,999,000 円まで	33%	1,536,000 円
18,000,000 円 から 39,999,000 円まで	40%	2,796,000 円
40,000,000 円 以上	45%	4,796,000 円

住んでいる地域にかかる税金

住民税のしくみ

暮らしのための税金

　国や地方が提供している公的なサービスの財源となっているのが住民税です。公的なサービスとは、教育、福祉、ごみ処理などといったものがあります。住民税はその地域に住む人たち（その地域に住所などがある人）が費用をそれぞれで担っています。住民税には市区町村民税と都道府県民税の2種類があり、一緒に納付します。

★ 納付方法の違い

給与所得者と事業所得者とでは、納付方法が異なります。給与所得では12ヶ月に分けて給与から住民税が天引きされます。それ以外の場合は、納税額が決定したのち、個人宛に納税通知書と納付書が各市区町村役場より送付されます。納付書で、一括、もしくは4期に分けて納付します。

自営業・フリーランス
（普通徴収）

自営業やフリーランス、また退職後に次の就職先が決まっていない人の住民税納付方法を普通徴収といいます。市区町村から送付された納付通知書を使用し、納税者自身で納付します。納付時期は6月、8月、10月、1月の4回。納付方法は現金のほか、クレジットカードやキャッシュレス決済などを利用できる市区町村もあります。

サラリーマン
（特別徴収）

サラリーマンの住民税の納付方法は特別徴収です。毎月の給与から天引きされ、会社から各市区町村へ納付されます。普通徴収と支払う住民税の額は同じですが、12回に分けられているので、1回の負担が軽く感じられます。また、会社が代わりに納付をしてくれるため、納付者本人の手間は普通徴収に比べて減ります。

★ 計算の仕方を知ろう

住民税は、給与所得から所得控除を引いた金額をもとに算出します。これが総所得となります。個人の住民税の税率は市区町村民税は 6%、都道府県民税は 4%、合計で 10% となります。これを所得割といいます。さらに均等割というものがあり、所得割と均等割を足したものが住民税となります。

①均等割 + ②所得割 = 住民税

① 均等割とは？

前の年の所得金額にかかわらず、一定以上の所得がある人は全員が負担する税金のことです。一般的には市区町村民税 3,000 円、都道府県民税 1,000 円の計 4,000 円と定められています（平成 26 年度から令和 5 年度は「東日本大震災の復興財源」として 1,000 円加算され計 5,000 円）。イメージとしては町内会の会費とすると分かりやすいでしょう。

自治体によっては引き上げられることもある

場合によっては、均等割が引き上げられている自治体があります。例えば、神奈川県では水源環境の保全・再生のために 300 円、滋賀県では琵琶湖森林づくり事業のため 800 円増額されています。また、2024 年からは復興税がなくなり、代わりに森林環境税が 1,000 円課税されます。

② 所得割とは？

所得割は課税所得から算出されます。課税所得に市区町村民税は 6%、都道府県民税は 4% の計 10% をかけて出てきた金額から税額控除の額を引いて算出された金額が所得割です。均等割とは異なり、前年の所得に対して金額が変動します。

課税所得 × 税率 − 税控除額＝所得割

課税所得	税率	税控除額
税の対象となる所得金額。所得税と同様に所得から所得控除額を引いて出す。ただし、控除額は所得税と異なり、例えば基礎控除は 43 万円（合計所得金額が 2,400 万円以下）となる。	税率は10%（市区町村民税は6%、都道府県民税は4%）。平成18年度までは所得の額に応じて変動する累進課税だったが、税制改正後の平成19年度から合計10%となった。	税控除は所得割の金額から控除されて、分配時調整外国税相当額控除、外国税額控除、政党等寄付特別控除、認定NPO法人等寄付金特別控除、住宅借入金等特別控除などがあたる。

Chapter 8

お金の基本／住民税のしくみ

06 社会保険について知ろう

いざというときのために

生活を保障してくれる制度

　社会保険とは生活を保障する公的な保険制度のことをいいます。社会保険があることで、予期せぬ病気やケガだけではなく、失業や介護、労働災害などのリスクに対応することができます。また老後を安心して暮らせるように制定されたものでもあります。保険料については、社員が個人的に支払うのではなく、会社経由で保険料を納めています。

★ 相互扶助のしくみ

社会保険の理念は「相互扶助」です。これは「ひとりはみんなのために、みんなはひとりのために」という考え方になります。互いにお金を出し合えば、ひとりひとりが支払う金額は少なくなります。自分のために、と支払っているお金でも、実のところは誰かの役に立ち、誰かのお金が自分を助けてくれているのです。

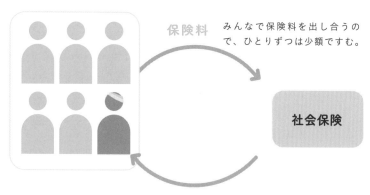

保険料　みんなで保険料を出し合うので、ひとりずつは少額ですむ。

社会保険

保険金　ケガや病気などで働けない人を、保険金で扶助する。

★ 5つの社会保険

社会保険のうち、年金保険と医療保険、介護保険は必ず加入する義務があります。雇用保険と労災保険は合わせて労働保険と呼ばれ、会社員の場合に加入します。そのため、自営業やフリーランスの場合は原則的に労働保険には加入しません。

項目	内容	自己負担額（会社員の一例）
年金保険	公的年金制度。高齢になったとき、また遺族、障がい者になったときに年金を受けられる。会社員や公務員は、国民年金と同時に厚生年金にも加入する。	給与 ×9.15％ （厚生年金保険料も含む）
医療保険	病気やケガなどをした場合の医療費負担を軽減。会社員は健康保険、自営業者は国民健康保険に加入する。	給与 ×5％ （協会けんぽ東京の場合）
介護保険	40歳以上になると加入する。要介護状態になったときに、介護サービスを受けることができる。	給与 ×0.91％ （協会けんぽの場合）
雇用保険	失業や就労が難しい場合などに必要な給付を行い、再就職を支援。育児休業給付金などもここに含まれる。	給与 ×0.6％ （令和5年度の一般事業者は0.6％自己負担）
労災保険	勤務中や通勤中のケガや病気で医療費がかかった際、また休業した際の補償を行う。	会社側が全額負担

国民健康保険と職域保険

自営業者などが加入する「国民健康保険」は、市区町村が運営している健康保険です。中小企業の会社員は「全国健康保険協会管掌健康保険（協会けんぽ）」、大企業の会社員は「健康保険組合」、公務員は「共済組合」の職域保険と呼ばれる健康保険に加入しています。いずれも、病気やケガで医療機関にかかったときに、必要な保険が給付されます。

年末調整と確定申告

年末調整のための書類を確認

年末調整といっても、初めての人にとっては何をすればいいのか分からないのは当然のことです。まず、提出しなければならない書類は3種類あります。「給与所得者の扶養控除等（異動）申告書」「給与所得者の保険料控除申告書」「給与所得者の基礎控除申告書 兼 給与所得者の配偶者控除等申告書 兼 所得金額調整控除申告書」です。

★ 年末調整と確定申告の違い

年末調整については、会社がおもに行います。給与に対しての所得税を確定させて、給与等から天引きされた源泉徴収税と併せて清算します。一方、確定申告は個人が自分で申告を行うものです。一般的には年末調整をすれば、確定申告をする必要はありません。しかし、副業などで別に収入がある人は確定申告も行います。

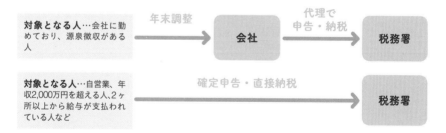

対象となる人…会社に勤めており、源泉徴収がある人 — 年末調整 → 会社 — 代理で申告・納税 → 税務署

対象となる人…自営業、年収2,000万円を超える人、2ヶ所以上から給与が支払われている人など — 確定申告・直接納税 → 税務署

 column 年末調整をしても確定申告が必要な場合

医療費控除、雑損控除、寄付金控除は、年末調整ではなく、確定申告をすることで還付金が入ってきます。ふるさと納税も寄付金控除に当てはまりますが、ワンストップ特例制度を利用すると確定申告は不要です。ただ、6ヶ所以上に納付している人は確定申告が必要です。

年末調整は原則として会社が行うので、社員は指定された書類を提出するだけで問題ありません。年末調整の書類を提出したあとは会社が源泉徴収との差額の算出、社員への清算、源泉徴収税の清算と納付を行います。会社で年末調整をしてもらわないフリーランスなどの場合は、自分で確定申告をすることになります。

① 扶養控除等（異動）申告書	② 基礎控除申告書
扶養している家族の人数によって控除額が異なるため、扶養家族の名前や生年月日を記載する。	所得額が 2,400 万円以下の人は基礎控除 48 万円が控除される。
③ 配偶者控除等申告書	④ 所得金額調整控除申告書
配偶者の所得に関する情報などを記載する。そのため、ほかの扶養家族については記載しない。	年収 850 万円超で、一定の要件に当てはまる人が所得金額調整控除を受けるために必要な書類。
⑤ 保険料控除申告書	⑥ 住宅借入金等特別控除申告書
生命保険料や地震保険料など、各種保険料を支払った証明をする書類。	住宅ローン控除の適用を受けたい場合に提出する書類。

★ 確定申告の手続き

確定申告とは 1 年間の所得や経費から所得税を計算して税務署に申告、納税することです。会社員の場合、会社がやっていることを個人でやるイメージです。所得が発生した翌年の 2 月 16 日から 3 月 15 日の間に行い、所得に対してあらかじめ納めた源泉徴収税が多ければ、税金の還付が受けられます。

青色申告

税務署に開業届と青色申告承認申請書を提出した事業主が利用します。必要な書類は多いですが、最大 65 万円の青色申告特別控除が受けられ、事業損失の繰り越しが最大で 3 年できます。

白色申告

白色申告を利用するのに特別な要件はありません。青色が複式簿記に対し、白色は簡易簿記になり、帳簿の制作が簡単で、会計の知識がなくても取り組むことができます。

08 絶対にNG！
税金や年金の滞納

国家の運営のために支払う義務がある

　国民の義務である納税の滞納を見逃すと公平性が保てなくなります。そのため、税金を滞納すると督促状が発行されて、その後10日が経っても納付されない場合は財産が差し押さえられることになります。また、延滞税も発生します。

★ 税金を滞納した場合

滞納したまま放置しておくと、国税徴収法という法律に基づき、滞納処分を受けます。まず督促状が発行されます。法律上、10日が経っても納付されないと財産を差し押さえられますが、その前に電話や訪問で催告を受けるのが一般的です。それでも納付されない場合は、財産が差し押さえられます。

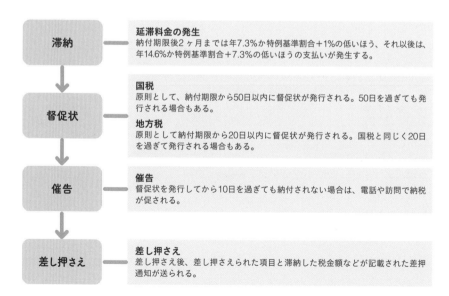

滞納	延滞料金の発生 納付期限後2ヶ月までは年7.3%か特例基準割合＋1%の低いほう、それ以後は、年14.6%か特例基準割合＋7.3%の低いほうの支払いが発生する。
督促状	国税 原則として、納付期限から50日以内に督促状が発行される。50日を過ぎても発行される場合もある。 地方税 原則として納付期限から20日以内に督促状が発行される。国税と同じく20日を過ぎて発行される場合もある。
催告	催告 督促状を発行してから10日を過ぎても納付されない場合は、電話や訪問で納税が促される。
差し押さえ	差し押さえ 差し押さえ後、差し押さえられた項目と滞納した税金額などが記載された差押通知が送られる。

20歳以上60歳未満の国民は必ず国民年金に加入しているため、保険料を支払わなければなりません。年金を支払っていない期間があると、将来的に受け取れる老齢基礎年金額が減ります。督促状も送られますが、これを無視し続けていると財産の差し押さえが発生する場合も。近年は差し押さえ件数も増えています。

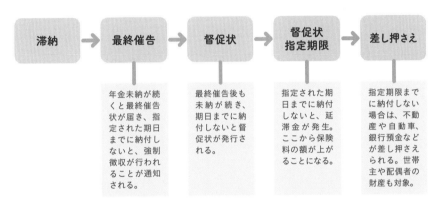

滞納 → 最終催告 → 督促状 → 督促状指定期限 → 差し押さえ

最終催告	督促状	督促状指定期限	差し押さえ
年金未納が続くと最終催告状が届き、指定された期日までに納付しないと、強制徴収が行われることが通知される。	最終催告後も未納が続き、期日までに納付しないと督促状が発行される。	指定された期日までに納付しないと、延滞金が発生。ここから保険料の額が上がることになる。	指定期限までに納付しない場合は、不動産や自動車、銀行預金などが差し押さえられる。世帯主や配偶者の財産も対象。

★ 期限内の支払いができない場合

自営業者やフリーターなど会社員以外で、納付する意思があるものの、収入が少なかったり、安定しておらず支払いが難しいなど、経済的な理由がある場合は、保険料免除や猶予を受けることができます。手続きを行っておくと、その期間も受給資格期間に入ります。10年以内であれば保険料を追納することが可能です。

免除制度

前年の所得が一定額以下の場合や、失業などで納付が困難な場合は、申請書を提出後、全額、あるいは4分の3、半額、4分の1の額に免除されます。本人だけではなく、世帯主や配偶者も審査を受けなければなりません。

猶予制度

20歳以上50歳未満で、前の年の所得が一定額以下の場合は、納付猶予を受けることができます。免除制度とは異なり、老後に受け取る年金額は減るので注意が必要です。減らさないためには追納しなければなりません。

Chapter 8

お金の基本／税金や年金の滞納

いつでも手軽に使える

クレジットカードのしくみ

システムを理解して利用しよう

　社会人になってから初めてつくるという人も多いであろうクレジットカード。現在、普及しつつあるキャッシュレス決済のなかでも、以前から多くの利用者がいます。買い物だけではなく、さまざまなサービスの支払いに利用できます。カード会社によって、さまざまな特典やサービスが受けられるので、自分の生活に合わせて選ぶことができます。

★ カード利用の流れ

手元に現金がなくても買い物ができるクレジットカード。買い物をしたあとに、利用した金額の請求が手元に届きます。クレジットカード会社に請求された金額を支払い、利用したお店にカード会社が金額を払います。カード利用の手数料は店舗側が払いますが、集客に繋げられるため、すべての人にとってメリットがあります。

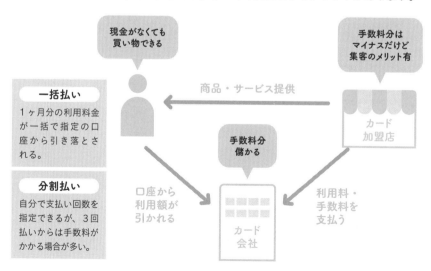

一括払い
1ヶ月分の利用料金が一括で指定の口座から引き落とされる。

分割払い
自分で支払い回数を指定できるが、3回払いからは手数料がかかる場合が多い。

★ カードの入手の仕方

クレジットカードを手に入れるには、まず入会申し込みをして本人情報を登録します。最近ではインターネットでの申し込みが一般的ですが、郵送や店頭で行う場合もあります。クレジットカード会社側で入会審査が行われ、問題がなければ、クレジットカードが郵送されます。

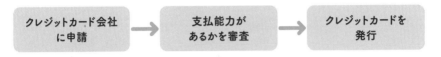

クレジットカード会社に申請	→	支払能力があるかを審査	→	クレジットカードを発行
本人確認のための身分証明書や、引き落としの銀行口座が分かるもの、銀行印などを提出。		ほかのクレジットカード会社での利用額や支払い状況、ローンの有無などの信用取引が確認される。		

column ブラックリストとは？

信用情報機関に遅延や延滞などがあると、事故情報が載り共有されます。この事故情報をブラックリストと呼びます。事故情報があると、信頼することができない利用者と判断され、新たにクレジットカードをつくることが難しくなります。

★ リボ払いとは？

リボルビング払いの略で、毎月、一定の金額を金利と併せて返済していく方法です。クレジットカードの利用金額が増えても支払い金額が変わらないのでお得な支払い方法に思えますが、気づかないうちに利用金額が膨らんでいる場合があります。支払いの管理はしやすいシステムですが、未払いの残高は把握しづらいです。

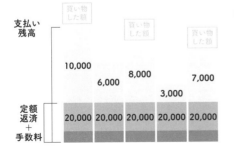

注意

● **手数料が高い**

支払い残高に対して年15％程度の手数料がかかり、残高が多いと最終的な返済額が増える。

● **完済まで時間がかかる**

完済までに時間がかかるほどに利息が高くなる。利息だけでも額が大きくなり、返済に時間がかかる。

269

資産運用や投資について

自分で運用して増やす資産

　ハードルが高く感じてしまいがちな資産運用や投資。しかし、今は貯蓄だけではなく、長期間のスパンで、お金を投資で増やす考え方もあります。そうはいっても難しそうだと感じるかもしれませんが、初心者でもチャレンジしやすくなっています。メリットとデメリットを勉強しながら少額から始めるのもよいでしょう。

★ 「貯める」と「増やす」

銀行にお金を預けると、いつでも引き出すことができます。当面の生活費などは銀行に預けておくとよいでしょう。その上で余剰資金があれば資産運用にまわすことを考えてもよいでしょう。運用益を得られる可能性がありますが、元本割れすることもあることも忘れずに。

貯蓄	投資
将来に備えてお金を堅実に積み立てること。元本は確保されるが、金利が低く、利益はほとんど見込めない。	元本が減る可能性があるが、将来が期待できる投資先に投資することで、投資先の成長を通じて利益を受けることができる。
普通預金 自由にお金を出し入れできるが、金利は低い。	**株式投資** 株式会社に資金を出資し、その証明として株式を受け取る。配当金や株主優待を受け取れる株もある。また、株の値段（株価）は会社の業績などで変化するため、株式を売却することで利益を得ることもできる。
定期預金 預ける期間を決めて満期日まで引き出せない。ネット銀行などでは比較的金利が高めに設定されている。	
	債権投資 資金調達したい国や企業にお金を貸し、その借用書として債券を受け取る。定期的に利子を受け取り、期間後は元本を受け取れる。また、保有期間中でも売却することができる。
積立預金 毎月決まった日に預金を積み立てる。	

★ 投資の基本

投資の基本になるのは「分散」「積立」「長期」です。ひとつの投資先や地域に絞るのではなく、分散して出資することでリスクを減らします。また、あらかじめ決まった金額を続けて積立投資することで、値動きに惑わされず資産を増やすことができ、長期で積立分散投資をすれば、比較的安定して資産を増やせることもあります。

【株式投資の場合】

出資先の企業が成長することで利益が還元されます。

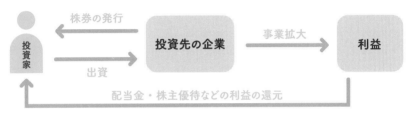

★ 投資信託とは？

投資家から集めたお金を資金にして、専門家が株式や債券などに分散して投資運用を行います。そこで得た成果を投資家たちに分配します。専門家が運用してくれるので、知識が少ない初心者でもチャレンジしやすくなっています。また、少額からでも分散投資ができるので、「長期」「積立」「分散」投資が始められます。

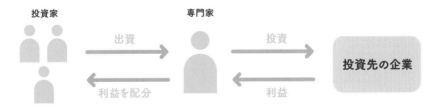

 インデックスファンド

投資初心者の場合、市場の値動きを示す指数（インデックス）に連動する投資信託を買うのが一般的です。日経平均や米国 S&P500 株価指数に連動するなど市場全体に投資できるため、分散投資が容易にできます。低額から市場全体に投資をすることもできます。

11

老後のための備え

iDeCoについて知ろう

私的年金制度とは？

近年、耳にする機会が増えた「iDeCo（イデコ）」は、「個人型確定拠出年金」の愛称です。年金とは別に、自分でも老後の資金のために積み立てていこう、という私的な年金制度です。個人で掛け金を決められ、定期預金、保険、投資信託など自分で運用方法を選ぶことができ、運用して得たお金は60歳以降に年金、もしくは一時金として受け取れます。

★ iDeCoのしくみ

日本の年金制度は、加入する年金制度によって給付される年金額を増やしていくことができます。20歳以上の全国民が加入する国民年金にプラスして、企業に勤める会社員や公務員は厚生年金があります。そこにさらにiDeCoを行うことで、将来給付される年金をさらに増やすことができます。ただし、加入している年金制度によっては、積立上限額があります。

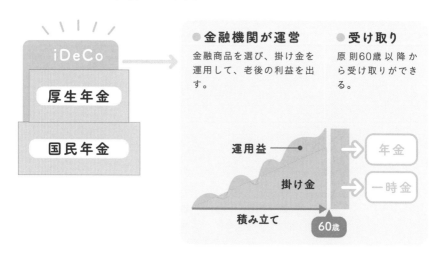

iDeCo
厚生年金
国民年金

●金融機関が運営
金融商品を選び、掛け金を運用して、老後の利益を出す。

●受け取り
原則60歳以降から受け取りができる。

運用益
掛け金
積み立て
60歳

年金
一時金

★ 2種の投資タイプから選ぶ

iDeCoでは、主に資産運用の専門家に運用を代行してもらう投資信託か、定期預金や保険商品などの元本確保商品のどちらかで運用します。それぞれにメリットとデメリットがあるので、よく検討して選ぶようにしましょう。

	投 資 信 託	元 本 確 保 商 品
メリット	積極的に資産を増やすことができるのが最大の特徴。	元本割れのリスクがない。運用で損失を出す心配が低い。
デメリット	投資する株式や債券によっては元本割れのリスクがある。資産額も日々変動する。	元本割れの心配はないが、大きな利益は期待できない。

★ 節税効果について

iDeCoは節税にも役立つのが大きなポイントです。iDeCoで使う掛け金は、すべて所得控除の対象になるので課税対象の所得が減り、税金を減らすことができます。確定申告、もしくは年末調整で申告するだけでOKです。ほかに、利息・運用益の非課税、お金を受け取るときにも税制優遇があります。

掛け金の所得控除	利息・運用益の非課税	受取金の税制優遇
確定申告、年末調整で申告すれば、その年の所得税と翌年の住民税を減らすことができる。	投資信託運用の利益などには通常20.315%の税金がかかるが、iDeCoの場合はすべて非課税。	年金として受け取る場合は公的年金等控除、一時金の場合は退職所得控除という控除が受けられる。

column

iDeCoのデメリット

iDeCoはさまざまなメリットがありますが、デメリットもあります。まず、利益が出たとしても原則60歳まで引き出せないため、急な出費や子どもの学費などに充てることはできません。また、なにも運用しなくても、毎月の手数料（口座管理料）がかかります。

※情報は2023年5月時点のものになります。

12

少額からできる非課税の投資

NISAについて知ろう

少額投資非課税制度

　NISAとは、少額投資非課税制度の略称です。通常、株式や投資信託などといった金融商品に投資した場合、これらを売却して得た利益や、受け取った配当に対しては約20%の税金がかかります。しかし、「NISA口座（非課税口座）」内で、毎年一定金額の範囲内で購入した金融商品から得られる利益は非課税になります。日本に住んでいる個人の人が、1人1口座のみ利用することができます。

★ 通常投資とNISAの違い

NISA は国が決めた制度のことで、投資信託は金融商品の名前になります。一般的な投資については税金がかかりますが、NISA は税金がかかりません。税金がかからないため、単純に考えても、NISA のほうが得られる利益が大きくなることが分かります。

通常投資の場合

投資などで得た利益や配当金には税金がかかります。これらにかかる税率は 20.315% となっています。

NISAの場合

NISA には税金がかかりません。そのため利益は満額を自分自身のものとして受け取ることができます。

★ 2023年までのNISA

これまでの NISA は成人が利用できる一般 NISA（非課税枠 120 万円、5 年間）と
つみたて NISA（非課税枠 40 万円、20 年間）のどちらか選択して、利用すること
ができました。しかし、2024 年以降は新制度に移行し、「つみたて投資枠」と「成
長投資枠」の 2 種類に変更されます。また、未成年が利用できるジュニア NISA
もありましたが、2020 年度に制度が改正され、ジュニア NISA の新規口座開設は
2023 年までとなりました。

★ 2024年からのNISA

2024 年からは新しい制度が導入されます。従来の NISA との大きな違いとして、
非課税保有期間が無期限になり、口座開設期間が恒久化、また 2 種の投資枠の併
用が可能になりました。

☑ つみたて投資枠

少額からの長期・積立・分散投資を支援する非課税制度です。新規投資額は毎年
120 万円が上限、無期限での投資が可能です。

☑ 成長投資枠

現在ある一般 NISA の役割を引き継いでおり、上場株式などに幅広く投資すること
ができます。年間の上限は 240 万円となっており、多くの株式を購入できます。

	つみたて投資枠	成長投資枠
対象年齢	18 歳以上	18 歳以上
制度の併用	可	可
年間の非課税枠	120 万円	240 万円
生涯の非課税枠	あわせて 1,800 万円（内成長投資枠 1,200 万円）	
非課税保有期間	無期限化	無期限化
対象商品	長期の積立・分散投資に適した一定の投資信託	上場株式・投資信託等

※情報は 2023 年 5 月時点のものになります。

13

制度使用者は知っておきたい

奨学金の返済

しっかりと返済計画を立てよう

　経済的な理由や家庭の事情で進学が難しい人にとって、奨学金制度は可能性を広げてくれる制度です。しかし、貸与型の奨学金の場合は、学校を卒業後に返済をしなければなりません。金利が低くはありますが、自身の収入を鑑みて返済計画を立てていかないと、場合によっては生活が苦しくなる可能性もあります。

★ 返済方式の確認

日本学生支援機構の奨学金は、貸与が終わった翌月から数えて7ヶ月目の月から返済がスタートします。例えば、3月に終了したら10月から、と就職してすぐに返済が開始というわけではありません。また、貸与型の奨学金は利用する際に「定額返還方式」と「所得連動返還方式」のどちらの返還方法にするか選択できます。

	定額返還方式	所得連動返還方式
内容	毎月、一定額を返済する方法。返済期間は奨学金の貸与総額と割賦方法によって決定する。	第一種奨学金（無利子の奨学金。有利子の奨学金より条件が厳しい）は所得連動返還方式を選べる。前年の所得額によってその年の月々の返済額が決まる。
特徴	毎月定額を返還する「月賦返還」と、ボーナス払いを加えた「月賦・半年賦併用返還」のどちらかを選択することができる。返済額と返済期間が決まるため、資金計画が立てやすい。	収入が少ないときは返済額も低くなるため、生活が苦しくなるリスクを減らすことができるが、返済金額が減ると返済期間が長くなる。

★ 無断で滞納することは絶対NG

奨学金返済を滞納すると、信用情報機関に記録が残り、自分自身の将来にとっての不利益が多く発生します。また、本人のほか、連帯保証人、保証人へ文書と電話の督促が行われ、段階を追って対処が変わっていきます。

延滞金が発生 → **3ヶ月滞納でブラックリストに** → **保証人への連絡** → **一括返還請求・支払督促**

延滞した利息を除いた割賦金に対して延滞金が発生。年3％の割合で、延滞している日数に応じて加算。

3ヶ月連続して返済できないと信用情報機関に記録が残り、クレジットカードがつくりづらくなるなど影響が出る。

返済ができない月が3ヶ月続くと、保証人に督促の連絡が入る。

返還に応じない場合、一括返還請求や支払い督促を受ける。最終的には、財産や給与を差し押さえられる場合も。

★ 支払いが困難になったら

返済が難しい場合は日本学生支援機構に相談をしましょう。救済制度を利用し、延滞を避けましょう。救済制度は減額返済制度、返済期限猶予制度、心身障害による返還制度の3種類です。ただ、それぞれ制度には条件があります。

減額返済制度
一定期間、月々の返済額を減額することができます。減額返済適用期間に応じて、返還期間も延長されます。災害、傷病、そのほか経済的理由により返済が困難な人が対象です。

返済期限猶予制度
返済期限の猶予を申請できます。災害、傷病、経済困難、失業などで返済困難な場合、審査を通過し、承認された期間は返済の必要はありません。また、返済額は減りません。

死亡又は精神若しくは身体の障害による返還免除
本人が亡くなった場合、精神または身体への障害が原因で労働が不可能になり、返済ができなくなった場合に、全額または一部の返済が免除になります。

column 返済用の口座をチェック

奨学金の返還は、原則的に貸与が終了したあとに登録する返還用の口座（リレー口座）から引き落とされます。返還開始時までに口座を登録していない場合や残高がなく引き落としができなかった場合は、延滞とみなされ、最終的に法的措置がとられることがあります。

ビジネス用語事典

あ

【アイスブレイク】
氷を溶かすという意味から、初対面の人間同士が緊張をほぐして打ち解けるために行う働きかけのこと。会議前の雑談など。

【AIDMA（アイドマ）】
顧客を取り込むためのプロセスのこと。Attention（注意を引く）、Interest（興味を引く）、Desire（欲求）、Memory（記憶に残る）、Action（行動に移す）の5つのステップの頭文字。

【アイミツ】
個人や企業がモノやサービスを依頼・購入する際、複数の業者に見積もりをとって、価格や条件を比較する「相見積もり」の略称。

【アウトソーシング】
自社および個人の業務を外部の企業などに委託すること。「外注」「外製」などとも呼ぶ。

【アグリー】
英語で賛成や同意を意味する「agree」から、会議や打ち合わせの場で、相手の意見を判断する際に用いる。

【アサイン】
英語で割り当てる、任命するを意味する「assign」から、業務上のプロジェクトや役割、職務、特定の目的やタスクを人材や資源に割り当てること。

【アジェンダ】
予定表、行動計画のこと。議題をリスト化したものなどを指す。

【アセット】
企業が保有する資産のこと。土地、建物、設備などの有形のものと、特許権、著作権、顧客データ、人材などの無形のものも含まれる。

【アテンド】
接客やおもてなしをすることの広義。会議やイベントなどで顧客に対して迅速かつ的確に対応すること。

【アポ】
アポイントメントの略語で、予約や打ち合わせ、面会などの意味。「アポなし」とは先方の予定・約束もないのに飛び込みで訪問などをすること。

【アライアンス】
複数の企業や団体が協力し合って共同でビジネスを進めること。

【イシュー】
「課題」「問題」「論争点」のこと。ビジネスでは課題や問題点を明確化して解決することが重要。

【イニシアチブ】
率先して発言をしたり行動をしたりして、周囲を導くこと。主導権という意味も。

【イニシャルコスト】
システム導入時などで最初にかかる費用のこと。初期費用。

【インサイト】
顧客を動かしている隠れた心理。「顧客インサイト」「消費者インサイト」などと使われるマーケティング用語。消費者の隠れた購買行動についての心理的背景を解明し、商品開発やマーケティングに活用する。

【インセンティブ】
仕事の成果に応じて支給される金銭的報酬

や、表彰、人事評価なども含めた金銭以外の奨励、報奨のこと。

【 インバウンド 】
企業が顧客からの電話や来訪を受け付ける形態の業務のこと。企業側が顧客へ電話や訪問する形態の業務は「アウトバウンド」と呼ぶ。観光業会では自国へ外国人旅行者を誘致する意味で使われる。

【 インフルエンサー 】
インターネット上の消費者発信型メディアにおいて、多くの人（フォロワー）に、購買・消費行動に影響を与えることができる人物のこと。

【 ASAP（エーエスエーピー）】
「As Soon As Possible」の略で、「なるべくはやく」「至急」の意味。現代ではあまり使われることはない。

【 エクスキューズ 】
「言い訳」「弁明」の意味で、『エクスキューズではなく、原因や理由を明確に教えて』などと使われる。

【 エスカレーション 】
問題が発生した際に上司に判断・指示をあおぐこと。自分の知識や能力では対応しきれないときに行う対応フローの一環。

【 NR（エヌアール）】
「No Return」の略称で、外出先から帰社せずに終業する「直帰」の意味。

【 エビデンス 】
「証拠」「根拠」を意味する言葉。ビジネスシーンでは、企画や主張の裏付けとなるデータを意味する。

【 MTG（エムティージー）】
ミーティングの略。

【 OEM（オーイーエム）】
「Original Equipment Manufacturer」の頭文字で、オリジナル機器メーカーなどの意味がある。一般的には、ある企業が製品の開発・設計を行い、それを他社に供給してその他社が製品を製造・販売することを指す。

【 OJT（オージェイティー）】
「On-the- Job Training」の略で、新入社員や新しい職務に就く社員に対して、実際に業務に携わりながら上司や先輩社員が直接指導すること。

【 オーソライズ 】
「許可される」という意味で、他社や上司から仕事を進める許可を得る場合などに用いられる。

【 オリエン 】
オリエンテーションの略で、主に新しいしくみ、ルール、考え方などを説明したり指導したりすること。

【 カバレッジ 】
基本的に「項目」「範囲」を示す指標のことで、業界によってさまざまな意味合いがある。

【 キャズム 】
「割れ目」「溝」という意味の英語で、ビジネスシーンでは、商品やサービスが顧客に受け入れられて広く普及するまでの間に存在する大きな溝のこと。

【 キャパシティ 】
「容量」「容積」という意味の英語で、ビジネスシーンでは、個人や組織が持てる能力で請け負える許容量を指す。「キャパ」と略することもあり、たとえば能力以上の業務量を与えられたときなどは「キャパオー

バー」などと使われる。

【 キュレーション 】
情報を特定の視点で収集、選別、編集して新たな価値を持たせて共有すること。特定のジャンルに特化したWebサイトを「キュレーションサイト」などと呼ぶ。

【 クライアント 】
「顧客」「依頼人」「取引先」の意味。

【 クラウドソーシング 】
インターネットを介して受注者を公募して不特定多数の外注先に業務を依頼すること。

【 クリエイティブ 】
創造的、独創的の意味。広告業界では制作部門のことであったり、広告のために制作された広告素材のことであったりする。

【 クリティカル 】
「批判的」「危機的」なニュアンスで使われる。いわゆるやばい状態のこと。

【 クロージング 】
商談を契約終結させる最終段階のこと。

【 グローバルスタンダード 】
世界中の誰もが共通に利用することができる規格やルールのこと。

【 KGI（ケージーアイ） 】
「Key Goal Indicator」の略で、「重要目標達成指標」と訳される。チームがゴールにしっかりと向かっているかを測るための指標として使われる。

【 KPI（ケーピーアイ） 】
「Key Performance Indicator」の略で、「重要業績評価指標」と訳される。営業における「訪問数」「電話件数」「アポ件数」など。

【 コストリダクション 】
コストを削減すること。具体的なコスト以外に、非効率な作業を省くことをいう。

【 コミット 】
自らの行動や意見に責任を持って結果を約束すること。積極的に関わるといった意味もある。

【 コモディティ 】
「日用品」などの意味で、「農産物」や「鉱物資源」など、市場での価値が同じものとして扱われること。市場参入時は高価だったものが、市場価値が低下して一般的な商品になることを「コモディティ化」という。

【 コンシューマー 】
特定の商品やサービスを利用する「消費者」のこと。「顧客」や「取引先」は「カスタマー」と呼ぶ。

【 コンセンサス 】
意見の一致、合意をとること。「根回し」という意味で使われる場合もある。

【 コンバージョン 】
成果を意味する言葉で、Webサイトを訪れたユーザーが会員登録をしたり商品を購入したりするなど、サイト側が目標とする行動を起こすことの意味で「CV」と略される。

【 コンプライアンス 】
「法令遵守」という意味の英語で、法令や規則、社会的規範や倫理などを守って活動すること。

【 コンペティター 】
「競争相手」「商売敵」などの意味。同じ市場やターゲットで競合する相手のこと。

さ

【 サードパーティー 】
「第三者」の意味で、自社と資本関係のない第三者としての事業者を指す。

【 サステナビリティ 】
直接的には「持続可能性」の意味で、企業としては企業が利益を上げ、顧客に製品を供給し続けられる可能性がある状態であること。

【 サマリー 】
分量の多い詳細な文書の要点をまとめた概要や、会議の議事録やイベントの報告を簡単にまとめた文書のこと。

【 シェア 】
業務などを「分配」「共有」するなどの意味と、市場占有率をあらわす場合がある。

【 シナジー 】
人、物、事象など複数存在するそれらが互いに作用することで機能や効果を高めること。

【 ジャストアイデア 】
その場でひらめいた単なる思いつき。

【 シュリンク 】
「縮む」「縮小する」という意味の英語で、ビジネスシーンでは市場が小さくなること、事業規模が縮小すること、消費が落ち込むことなど。

【 ジョイン 】
「参加する」という意味。企業やチームなどの特定の組織に参加する際に用いる。

【 シンギュラリティ 】
AI（人工知能）が人間の能力を超えるなど、技術的な変化を示す点のこと。「技術的特異点」と訳される。2045 年に迎えるといわれている。

【 スキーム 】
「計画」や「構想」「枠組み」などの意味。目標達成に向けた具体的な方法や枠組みとして使われる。

【 スクリーニング 】
「選別」「ふるいにかけること」の意味で、多くの対象のなかから条件に合うものを選び出す作業のこと。

【 スケール 】
事業やプロジェクトの規模や利益率を示す言葉。拡大する場合は『スケールする』、縮小する場合は『スケールしない』などと用いる。

【 ステークホルダー 】
株主、債権者、顧客などの利害関係者。

【 セグメント 】
共通のニーズを持った購買行動が似ている顧客層のこと。また、顧客層を割り出す調査のこと。

た

【 ターゲティング 】
自社の製品やサービスを販売する際、売り込む相手の属性を絞り込む戦略のこと。

【 タイト 】
スケジュールや予算が短い、少ない状態のこと。無理をしないと実現は難しい状態のニュアンスで用いられる。

【 ダイバーシティ 】
多様性。年齢や性別、人種を問わず多様な人材を活用する考え方。

【 タスク 】
課せられた仕事、業務のこと。

【 たたき 】
批評や検討を重ねてよりよい案をつくるための原案のこと。企画書や提案書などのとりあえずの草案で、「たたき台」「ドラフト」などとも。

【 ディシジョン 】
「決定」「決断」という意味の英語で、ビジネスシーンにおいて重要事項を慎重に意思決定すること。

【 データマイニング 】
大量に蓄積されたデータを分析し、有用な情報やパターン、異常値を抽出し、マーケティングやプロモーションに活用すること。

【 デッドライン 】
越えてはいけない線のことで、ビジネスシーンでは主に「納期」「期限」などの意味で用いられる。

【 トップダウン／ボトムアップ 】
トップダウンは経営層から指示を受けて下層部が行動する意思決定方式のこと。一方、ボトムアップは下層部から意見を吸い上げ、それを基に上層部が意思決定していく方式のこと。

【 ドライブ 】
「前に進める」というニュアンスから「頑張る」や「気合を入れる」に近い意味が含まれる。『ドライブをかける』などと使われる。

【 なるはや 】
「なるべく早く」の略。

【 ナレッジ 】
「知識」「情報」などの意味で、ビジネスシーンでは付加価値のある情報や知識のことを指す。

【 ニーズ 】
求めている、求められていること。

【 ニッチ 】
「すきま」を意味する言葉。ビジネスでは狭い市場のこと。

【 人月 】
1人が1ヶ月働いた場合の作業量を表す単位。

【 ネゴシエーション 】
「交渉」「折衝」の意味。ビジネスシーンでは、ある目的のためにクライアント、ビジネスパートナーや他部署と意見のすり合わせを行うこと。「ネゴ」と略すことも。

【 ノマド 】
遊牧民を表す言葉。拠点を移動しながら生活すること。転じて、ノマドワーカーは場所を移動しながら働くスタイルをとる人のこと。

【 ノルマ 】
目標数字のこと。

【 バジェット 】
予算・経費のこと。

【 バズ・マーケティング 】
人為的にクチコミを発生させて商品やサービスの特徴や感想などを周りに広めていくマーケティング手法のこと。

【 バッファ 】
緩衝材のこと。ビジネスシーンでは、予算や納期、計画などにゆとりをもたせるときなどに用いる。『スケジュールにはバッファを設定しておこう』。

【 パラダイム 】
特定の時代や分野における常識的な考え方、

価値観、ものの捉え方など。時代に合った
ものの見方や考え方を変化する必要がある
際、『パラダイムシフトが求められる』な
どと使われる。

【 費用対効果 】
あるプロジェクトに投入した費用に対して
どれだけの効果が得られたのかをあらわす
指標。

【 B to B ／ B to C 】
「Business to Business」の略で、企業を
相手に展開される事業や取引のこと。B to
C の C は「Costomer（Consumer）」の
頭文字で、一般消費者向けに展開される事
業や取引のこと。

【 PDCA サイクル 】
「Plan（計画）」「Do（実行）」「Check（評
価）」「Action（改善）」の頭文字。『PDCA
を回す』という使い方をする。個人やチー
ムにおけるセルフマネジメントの手法のひ
とつ。

【 ファクト 】
業務上扱われているデータなどが事実に基
づいていると確証が得られていること。

【 フィードバック 】
主に上司から部下に行われるもので、行動
や提出物などへ感想や評価を与えること。

【 フィックス 】
「最終決定」「最終確定」の意味。主に日時
や場所の確定を示すことが多い。

【 プライオリティ 】
複数の業務を同時に進行する上での各業務
の「優先度」「優先順位」のことで、高い・
低いで表現される。

【 ブラッシュアップ 】
「磨き上げる」という意味の英語で、すで

にあるものや現在の状態を再検討して、内
容をさらによいものにする作業のこと。

【 ブランディング 】
顧客に対して自社ブランドの信頼や価値を
高めていくマーケティング手法のこと。

【 ブルーオーシャン／レッドオーシャン 】
市場の状態を表現する言葉で、未開拓で競
合のいない市場のことをブルーオーシャン
と呼び、市場に競合他社があふれていてす
でに競争が激化している状態をレッドオー
シャンと呼ぶ。

【 ブレスト 】
「ブレインストーミング」の略で、あるテー
マについて複数人で意見交換やアイデアを
出し合うミーティング手法のこと。

【 プレゼン 】
「プレゼンテーション」の略で、売り込み
たい企画や商品、サービスなどを相手に対
し効果的に説明すること。

【 プロパー 】
「正規の」「本来の」の意味で、ビジネスシー
ンでは企業が直接採用した新卒社員、生え
抜き社員のことを「プロパー社員」と呼ぶ。

【 プロモーション 】
製品やサービスを顧客に知ってもらい、購入
意欲を高めるための販売促進活動のこと。

【 ベクトル 】
企業や個人が目標を達成するための方向性
や方針のこと。『ベクトルが違う』『ベクト
ルを合わせる』などと使う。

【 ベストプラクティス 】
ある分野において、最も効果的で効率的な
手法や方法、手順のこと。

【 ベネフィット 】
「利益」「恩恵」のことで、ビジネスシーンでは、製品やサービスにより顧客が得をする・満足すること。

【 ペルソナ 】
製品やサービスを利用する潜在的な顧客像を表現した架空の人物像のこと。年齢、性別、職業、趣味、ライフスタイルなどの情報を細かく想定してつくり出し、製品開発などに役立てる。

【 ベンチマーク 】
企業や業界のパフォーマンスを測定する指標のこと。競合他社と比較して自社の優位性や改善点を分析することで業務向上を目指す際に用いられる。

【 ペンディング 】
主に「保留」の意味。物事の可否や結論が出ていない状態のこと。

【 ボトルネック 】
業務の一連の流れのなかで、スムーズに進まない作業や生産性の低下を招いている工程のこと。

【 マーケティング 】
製品やサービスを売るためのしくみをつくること。市場調査などのリサーチ業務や、販売促進活動などを指すことも多い。

【 マージン 】
「差」や「端」などの意味で、ビジネスシーンでは、「利ざや」「儲け」「手数料」などの意味で使われる。

【 マイルストーン 】
プロジェクトや作業の中間目標、節目のこと。

【 マインドセット 】
「心がまえ」や「精神状態」を意味するマインドで、個人の考え方の癖や価値観、思考パターンなどの意味。「思い込み」「信念」などとも。

【 マスト 】
必須、必要なことや外せない要件の意味。

【 マター 】
「担当」の意味。「営業部マター」「部長マター」「鈴木さんマター」など、担当部署や担当者などに使われる。

【 マネジメント 】
「管理」「経営」などの意味。あらかじめ設定した組織の目標やミッションの達成を目指すこと。

【 マネタイズ 】
「収益化」をあらわす英語で、事業で収益を得るためのしくみをつくること。

【 メソッド 】
「方法」や「手法」の意味。個人や組織が生み出した方法論をあらわすことも。

【 メンター 】
新入社員の相談役となって成長や精神面など、直接的に業務に関わらない部分をサポートする、直属の上司ではない先輩社員のこと。

【 ユーザーエクスペリエンス 】
製品やサービスを使用するユーザーが得られる「使いやすさ」「感動」「印象」などの体験の意味。

【 ユーザビリティ 】
機器やソフトウェア、Web サイトなどの「使いやすさ」「使い勝手」の意味。

【 ユーティリティ 】
「役に立つもの」の意味で、ビジネスシーンでは、幅広い分野で能力を発揮することのできる人材のこと。

【 ランニングコスト 】
サービスを提供する際、システムを維持するためにかかる必要なコスト、月額費用などの意味。

【 リードタイム 】
物流、製造業界でいうスタートからゴールまでの期間のこと。近い意味で「納期」があるが、リードタイムが期間を指す一方、納期は期日を指す。

【 リスクヘッジ 】
「危機回避」が直接的な意味。失敗やミスを予測し、避けられるように対策をはかることを指す。

【 リスケ 】
予定の変更、日程の延期などスケジュールを組み直す「リスケジュール」の略。カジュアルな表現のため、上司や取引先に対して積極的に使うべきではない。

【 リソース 】
目的の達成に必要な要素や、役に立つ要素のことで、人材、資金、物資などを総じたニュアンスで使われる。

【 リテラシー 】
特定の分野の知識を有し、理解して使いこなすことができる能力のこと。本来は読み書き能力、識字率のこと。

【 レジュメ 】
「要約」「概要」といった意味で、プレゼン内容などの文章を要約したもの。 外資系企業では履歴書や職務経歴書などと解釈さ

れる場合も。

【 レバレッジ 】
「てこの原理」の意味で、ビジネスシーンでは、小さな労力や少ない予算で大きな成果を得ること。

【 ローンチ 】
新しい商品やサービスを発売、公開、提供開始すること。「リリース」に置き換え可能。

【 ロングテール 】
ネット販売において、売れ筋のメイン商品の売り上げよりも複数のニッチな商品の売り上げ合計が上まわる現象のこと。

【 ワークフロー 】
業務における一連のやりとりの流れのこと。それを図式化したものも意味する。

【 ワークライフバランス 】
仕事とプライベートのバランスがとれた状態。このどちらも充実させた働き方・生き方のことだが、主にプライベートを充実させることのできる働き方のほうが注目されている。

監修

Chapter 0 〜 5

増田 美子
ます だ　よし こ

私生活からビジネスシーンまで、社会全般におけるマナーに特化したスペシャリスト。企業、医療、次世代を育てる分野で活動をしており、日本最大級の習いごと検索サイト「ストアカ」の最高ランクであるプラチナバッジを保有。マナーだけでなく、コミュニケーションスキルなど多岐にわたり講座を担当。

Chapter 7

新田 龍
にっ た　りょう

働き方改革総合研究所株式会社代表取締役。労働環境改善による業績向上支援と、労務トラブル解決支援の専門家。TV、ラジオ、新聞、雑誌、ネット等あらゆるメディア出演とともに、企業経営者・ビジネスパーソンに向けた、働き方と労働問題に関する知見を提供する著書多数。
Twitter:@nittaryo

Chapter 6

古川 健介（けんすう）
ふる かわ　けん すけ

通称「けんすう」として知られる実業家。アル株式会社代表取締役、ハウツーサイトnanapiの運営会社元社長、共同創業者。インターネット上でのコミュニティーサービスの制作・発信を行っている。
Twitter:@kensuu

Chapter 8

福一 由紀
ふく いち　ゆ き

ファイナンシャルプランナー
（CFP®、1級FP技能士）
マネーラボ関西代表　All Aboutマネーガイド
「生活に密着したマネー情報を、わかりやすく伝える」をモットーに、セミナーやコンサルティング、メディア等でお金に関するさまざまな情報を届けている。「将来の"困った"をなくし、楽しめる未来を描く」ための家計相談も受けている。
HP:https://www.money-lab.jp/

STAFF

イラスト：中根ゆたか
デザイン：関根千晴（スタジオダンク）
DTP　　：山本秀一、山本深雪（G-clef）
執筆協力：ふくだりょうこ、山田佳江、原田晶文
校正　　：戸羽一郎、東尾愛子
編集協力：渡辺有祐、川島彩生（フィグインク）
編集　　：鈴木菜々子（KADOKAWA）

参考文献

『この1冊でOK！ 一生使えるマナーと作法』明石伸子監修（ナツメ社刊）

『図解 社会人の基本 マナー大全』岩下宣子著（講談社刊）

『最新 困ったときにすぐひける　マナー大事典』現代マナー・作法の会編著（西東社刊）

『新版 電話応対＆敬語・話し方のビジネスマナー』尾形圭子監修（西東社刊）

『一生ものの「正しい敬語と上級の気遣い」

先生！ダメダメな私を2時間で仕事デキる風にしてください！』諏内えみ著（KADOKAWA刊）

『仕事と勉強にすぐ役立つ「ノート術」大全』安田修著（日本実業出版社刊）

厚生労働省Webサイト＞政策について＞分野別の政策一覧＞雇用・労働＞雇用環境・均等＞

『職場におけるハラスメントの防止のために（セクシュアルハラスメント/妊娠・出産・育児休

業等に関するハラスメント/パワーハラスメント）』

令和版 新社会人が本当に知りたいビジネスマナー大全

2023年5月31日　初版発行

監修／増田　美子
　　　古川　健介
　　　新田　龍
　　　福一　由紀

発行者／山下　直久

発行／株式会社KADOKAWA
〒102-8177　東京都千代田区富士見2-13-3
電話　0570-002-301（ナビダイヤル）

印刷所／大日本印刷株式会社

製本所／大日本印刷株式会社